大数据环境下的

网络舆情知识库自动构建技术

王 汀 著

首都经济贸易大学出版社

Capital University of Economics and Business Press

·北 京·

图书在版编目（CIP）数据

大数据环境下的网络舆情知识库自动构建技术/王汀
著. —北京：首都经济贸易大学出版社，2020.9
ISBN 978 - 7 - 5638 - 3135 - 7

Ⅰ. ①大⋯　Ⅱ. ①王⋯　Ⅲ. ①互联网络—舆论—
知识库系统—研究　Ⅳ. ①G206. 2

中国版本图书馆 CIP 数据核字（2020）第 184387 号

大数据环境下的网络舆情知识库自动构建技术
王 汀 著
Dashuju huanjingxia De Wangluo Yuqing Zhishiku Zidong Goujian Jishu

---

责任编辑	晓　地	
封面设计	风得信·阿东 FondesyDesign	
出版发行	首都经济贸易大学出版社	
地　址	北京市朝阳区红庙（邮编 100026）	
电　话	(010) 65976483　65065761　65071505（传真）	
网　址	http：//www. sjmcb. com	
E - mail	publish@cueb. edu. cn	
经　销	全国新华书店	
照　排	北京砚祥志远激光照排技术有限公司	
印　刷	北京九州迅驰传媒文化有限公司	
开　本	710 毫米 ×1000 毫米　1/16	
字　数	98 千字	
印　张	6	
版　次	2020 年 9 月第 1 版　2020 年 9 月第 1 次印刷	
书　号	ISBN 978 - 7 - 5638 - 3135 - 7	
定　价	24. 00 元	

内容提要

目前我国舆情监测预警系统尚缺乏对大数据环境下的互联网海量信息的知识组织与管理支持，更缺少基于大规模知识库（知识图谱）的语义与关联分析方法，这就使得大量有价值的舆情信息和知识容易被遗漏，导致舆情检测信息反馈不全面、准确率低，从而给政府对突发事件舆情的监管、控制和应对带来困难。因此，研究面向舆情分析领域的海量知识库构建方法具有迫切的现实意义。

本书基于人工智能＋大数据技术，以政务主题词表与中文网络百科知识相融合的方式探索自动化构建舆情知识库的若干新方法。

本书的读者对象为人工智能和电子政务领域的研究者和从业人员。

前　言

互联网的强大传播和舆论功能正深刻影响着我国的政治、经济、文化和社会的方方面面，互联网技术的飞速发展已将人们的生活带入大数据和知识图谱（knowledge graph）时代。近年来，国内外几乎每一次重大突发事件都会在网络上瞬间引起强烈反响和激烈辩论。舆情热点信息的传播速度快，舆论影响范围广，稍有不慎就可能演变成社会危机，并对政府维护社会稳定、构建和谐社会产生不利影响。

本书在主要方法上进行了如下创新：

（1）知识库采用自动化构建方式以提高效率；

（2）提出基于主题词表自动转换得到知识库框架的新方法；

（3）提出一种基于场论思想的海量百科知识精炼方法；

（4）提出一种基于政务主题词表和百科知识库的舆情知识筛选与融合新方法；

（5）在大数据环境下提出对精炼方法进行并行优化以提高运算速度的新观点。

本书的出版得到了北京市教育委员会社科计划一般项目（No. SM201910038010）、首都经济贸易大学 2017 年度中青年骨干教师项目以及北京市教委科研水平提高经费的资助。本书得以顺利出版要感谢首都经济贸易大学出版社的大力支持，感谢首都经济贸易大学管理工程学院领导的指导和帮助，感谢北京工业大学邸瑞华教授辛勤的付出，感谢吕海博士和张晓辉博士的支持与帮助。

本书在编写过程中参考了相关领域的著作、文献，在此向有关作者致以谢忱。由于编者的知识、时间及水平有限，书中错误、疏漏之处在所难免，衷心希望专家、学者及广大读者给予批评指正。

目录
CONTENTS

1

绪　论

1.1 研究意义与价值

大规模舆情知识库是基于人工智能和大数据分析技术构建起的以舆情为主题的概念框架和知识体系，应用它可以实现对各类舆情信息的知识组织、高效监测、语义检索和推理，最终提高舆情监测和预警的准确度与全面性。

互联网传播舆论的强大功能正深刻影响着我国的政治、经济、文化和社会的方方面面，Web 3.0 技术的飞速发展已经将人们的生活带入大数据（big data）和知识图谱（knowledge graph）时代，在这样的时代背景下，大众获取信息的需求越来越强烈，获取信息的手段、表达意愿的渠道也更加灵活丰富。近几年来，国内外几乎每一次重大突发事件都会在网络上瞬间引起强烈的反响和激烈的辩论，网民的情绪态度在极短时间内汇聚成网络舆情。舆情热点信息的传播速度快，造成的舆论影响呈爆炸式增长，稍有不慎就可能会演变成社会危机，这就对政府维护社会稳定、构建和谐社会构成了潜在危险。

目前，我国舆情监测预警系统尚缺乏对大数据环境下的海量知识组织与管理的支持；面对互联网上的海量信息，在决策应对时更缺少基于大规模知识库（知识图谱）的语义与关联分析方法，从而影响突发舆情反馈信息的准确率和全面性。对于舆情知识库建设的研究工作也尚未引起国内学界的足够重视，本课题于 2018 年 1 月通过对中国知网（CNKI）设置关键词"舆情 + 知识库"进行检索，仅有与本书主题相关的七八篇研究文献。采用"手工检索 + 领域专家参与"的方式构建知识库不仅费时费力、效率较低，且知识容量和规模都很有限。面对大数据环境，学界仍没有提出一种成熟有效的方法对繁杂且海量的舆情知识进行合理有序地组织，这就使得其中大量有价值的舆情信息和知识容易被遗漏，舆情演变发展的过程和舆情知识之间的关联等也容易被忽略，最终导致舆情检测信息反馈往往不全面、系统准确率低等问题的出现，给政府对突发事件舆情的监管、控制和应对带来困难。

因此，探索和实现面向舆情分析领域的自动化海量知识库构建新方法，对于提升现有舆情监控、预警系统的准确性具有迫切的现实意义。"人工智能＋大数据"时代的到来给舆情分析系统建设提出了新的亟待解决的科学问题和可能的解决方案，例如，面对海量突发事件舆情信息，如何进行舆情数据挖掘，热点词提取，知识发现、表示和组织；如何实现面向大数据和知识图谱的舆情本体框架、决策支持知识库的自动化构建等。本书基于大数据并行处理技术，以政务主题词表与开放域网络百科知识相融合的方式，探索和提出舆情知识库自动化构建的若干新方法。

1.2　国内外研究现状

1.2.1　舆情分析系统

近年来，舆情分析与监测的研究广受关注，研究重点主要在舆情分析技术的改进与舆情评估模型的优化上。目前主流的舆情分析技术有数据挖掘、文本挖掘、模拟仿真等。张一文等将系统动力学建模方法应用到舆情演化研究中，分析舆情主体与客体的关系[1]。在舆情评估模型的研究中，王国华等研究了意见领袖在突发事件网络舆情演变中的作用，并通过具体的实例对意见领袖的影响力进行评估[2]。曹树金等设计了基于 Hownet 和情感极性词典的情感识别方法，用于舆情研究中的情感倾向性识别[3]。张剑峰等总结了微博文本处理中数据挖掘的相关技术[4]。康伟从社会网络分析的视角研究舆情的传播路径等问题，并进行了实证研究[5]。

在预警指标体系的研究中，曾润喜等人设计了网络舆情突发事件预警机制，根据预警系统的需要，构建了预警指标体系[6]。张一文等通过针对非常规突发事件网络舆情机理的研究，构建了舆情热度评价指标体系[1]。谈国新等将信息空间模型应用到舆情传播机制的研究中，提出了网络舆情监测指标[7]。兰月新基于突发事件网络舆情的演变规律，设计了三维网络安全评估指标体系[8]。

1.2.2　知识库

目前，知识库构建的手段丰富多样，其规模亦呈现出海量化的趋势。与此同时，随着互联网的发展与网络开放百科系统（online encyclopedia）的出现，知识创作行为开始越来越多地以互联开放协作的形式呈现，如维基百科、百度百科和互动百科。在线百科的蓬勃发展为大规模的知识发现与知识图谱构建工作提供了良好的数据源。目前，面向网络百科系统的大规模知识获取研究工作方兴未艾，且大都基于机器学习方法。基于网络百科系统构建的海量知识库（DBpedia）也被认为是网络知识的万源之源。

其中比较典型的，如Yago[9]和DBpedia[10]，是基于维基百科系统而构建的大规模语义知识库，其通过特定的wiki系统中间件从百科页面的结构化信息中提取知识。百科开放分类体系中的层次关系被确定为概念之间的"is‐a"关系。同时，词条页面上的Infobox信息框中则蕴含着海量的知识三元组，其作为关联数据（Linked Open Data，LOD）的Hub已将许多不同领域的语义数据链接起来，进而形成一个宏大的关联数据网（LOD Data Web）[11]。Fei Wu等开发的Kylin系统[12,13]不仅关注百科词条页面上出现的结构化信息，还尝试从非结构化文本中提取知识三元组。

随着中文网络百科的日渐成熟，越来越多的学者开始关注并研究从中自动抽取和建立知识库的问题。Chen Yidong等较早地提出利用中文百科 Infobox 中的 < 属性—属性值 > 对信息自动回标和获取训练样本集合的方法，进而基于统计学习模型从百科的非结构化文本中提取海量中文知识三元组[14]。Wang Zhichun 等面向中文网络百科系统中的结构化信息，进行知识三元组的提取和海量知识库的构建，提出基于中文百科的分类体系抽取概念间的层次关系、获取词条页面中的知识三元组及百科词条实例，最终建立起中文百科知识库[15]。

通过调研发现，目前对于舆情知识库的构建过程基本都是基于传统的手工方式进行的[16~21]，舆情分析和预警系统的准确性和实时性亟待提高。

1.2.3　链接数据

链接数据（linked open data，LOD）最早是在 2007 年 5 月由 Bizer 与 Cyganiak 在向 W3C SWEO 提交的一个项目申请"Linked Open Data Project"中提出来的。链接开放数据运动是开放数据运动的延续，它旨在将互联网上的开放数据源如 Wikipedia，WordNet，GeoNames 和 DBLP Bibliography 等以 RDF 知识三元组的方式发布出来，同时丰富 RDF 数据集之间的链接。

1.2.3.1　链接数据平台

链接数据平台的功能主要涉及对语义数据的获取、发布、集成和应用，通过这些操作形成链接数据应用的生态系统。目前，国内外研究人员已经做了大量的研究工作，并在各个功能模块上实现了多种工具。

为了降低普通用户使用链接数据的难度，一些研究者和企业提出构建集成各种工具的链接数据平台，将链接数据各个环节所需要的功能集中到一个统一的环境中。例如，参考文献［22］提出的 LinkedDataBR，是一个面向巴西政务数据的平台，为了降低用户以链接数据格式发布数据的门槛，它基于工作流引擎将多个与链接数据相关的工具进行集成，提供 RDF 数据抽取、多个数据集之间的数据链接以及链接数据查询等功能。为了支持用户对开放数据的按需访问，Fluid Operations 正在开发一个叫作 Information Workbench 的开放数据平台，它将来自多个数据源的数据进行链接和集成，并为用户提供统一的查询视图。Sense2Web[23] 是一个面向传感数据的链接数据平台，它支持 RDF 格式的传感数据发布，并将新的数据与已有数据进行链接。CKAN（Comprehensive Knowledge Archive Network）是一种针对链接数据集和其他知识资源的注册或目录系统，其设计目标是更容易寻找、分享和重新使用开放内容和数据。RKB Explorer[24] 是由欧盟 ReSIST 项目开发的一个数据平台，它主要将在互联网上发布的多种数据源进行集成，并统一发布。此外，RKB 还提供了一个用于共指链接查询的服务 CRS（Coreference Resolution Service）。

1.2.3.2 链接数据的领域应用

（1）电子政务领域

目前，链接语义数据技术广泛地应用于欧美国家政府部门，如美国政府发起的开放政府数据项目（http：//www. data. gov/）及英国政府进行的政府数据项目（http：//data. gov. uk/）[25] 都发布了相关的链接政府语义数据集及其应用平台。

2009 年 1 月 21 日，美国总统奥巴马签署了他上任后的第一份备忘录——《透明和开放的政府》，并责成联邦管理和预算局（OMB）负责起草《开放政府令》（Open Government Directive），以具体行动贯彻这些原则。

由联邦首席信息官（CIO）委员会开发、总务管理局主管的 Data. Gov 网站以都柏林核心元数据集（DC）[26] 为标准，采用目录（catalogs）方式组织政府数据和其他应用型网络工具，提供类目、机构、关键词等搜索途径。

Data. Gov 是全球第一个国家政府层面的数据门户网站，它较好地解决了以往分散在各个政府机构网站的数据不兼容问题，是美国政府乃至全球范围内开放数据实践的标志性成果。

Data. Gov Wiki 是由美国伦斯勒理工学院下属的 Tetherless World Constellation（TWC）实验室负责的一个项目，该项目将 Data. Gov 网站中发布的美国政务数据收集并进行语义化转换，在此基础之上，进行电子政务链接数据的构建，最终形成新颖的混搭应用，并主要以图形化的方式展示出来[27,28]。

2009 年 12 月 7 日，英国首相布朗在伦敦 Smarter Government 的集会上宣布，将发布更多的政府数据（除个人和敏感数据外），如社会治安、医院、学校、交通、地理等原始数据，并用一站式网站呈现。一些极具前瞻性的开放政府数据原则得到了确认，如这些公共数据以一种可再使用和机器识别的形式发布，使用开放标准、遵循 W3C 的倡议，所有的原始数据集以关联数据的形式呈现等，这些原则的应用对英国取得在全球开放数据运动的领先地位有重要意义[29]。

链接数据平台将异构、分散式数据源通过各种转换方法转换为统一的语义数据进行存储，并在此基础上采用统一的语义数据查询与分析方法为公众、政府部门提供服务与决策支持。这样做的益处是政府部门既可以维持现有本地应用系统及数据库的应用，同时还能以较小代价对分布在各个政府部门的原有数据库、数据源进行统一集成，并以公共平台的形式对公众和政府部门发布、应用，从而实现了各个政府部门数据在语义层面的无缝集成，为公众提供了统一的政府数据访问、应用平台。

链接开放政府数据相关的研究及产业化已经推广到了澳大利亚、加拿大、丹麦、芬兰、希腊、新西兰、挪威、西班牙等 11 个国家，实现了较好的应用价值。目前，比较成功的应用是将各种资源的政府数据进行集成与混搭，运用到国民生产总值分析、空气污染分析与预测、交通流量预测、招生数据分析、国家对外投资分析、国民健康统计分析、公民税收用途分析、个人旅行规划、房产数据分析等各个领域。

目前，我国各个政府部门具有一部分开放数据，但是格式不统一，给存储与分析以及在此基础上进行混搭应用带来极大的不便[30]。

（2）图书馆领域

参考文献[31]以图书馆领域的链接数据项目 LIBRIS 为例介绍了发布链接数据的方法，并利用扩展文本映射的方法实现与 DBpedia 中数据的链接。W3C 成立了一个面向图书馆领域的链接数据小组，专注于图书馆相关数据的链接，促进图书馆数据的共享和互操作。

我国在链接数据方面也在进行着一系列的研究和应用[32]，例如：

● 上海图书馆数字图书馆研究所结合语义网、数字图书馆的背景，对链接数据的理念展开了深入研究和探讨。

● 中国科学与国家科学图书馆设有关联数据相关的研究组，专注于研究利用 LOD 实现数字图书馆中数字资源与知识内容关联揭示的技术方法，并针对链接数据在图书馆中的应用及网络应用现状进行研究。

● 中国科学技术信息研究所的研究团队以国家社会科学基金项目为契机，开展基于链接数据技术对信息组织深度序化的研究。

● 2010 年 8 月，上海市普陀区图书馆举行了"2010 图书馆前沿技术论坛：链接数据与书目数据的未来"专题会议。

（3）大数据领域

当前，越来越多的链接数据开始寻求突破关系数据库固有的局限，采用非关系型数据库（NoSQL）处理"大规模"的 RDF 数据。越来越多的大数据应用引入语义技术，通过语义链接给大数据系统带来开放性和互操作性，并能提供基于"知识"的分析[33]。而链接数据则可以在数据完整性、互操作性、数据管理和备份以及提供数据质量等方面对大数据应用的固有缺陷加以弥补。

1.2.3.3　自动构建链接数据的相关算法

随着链接数据的提出和发展，研究人员提出了一些自动构建链接关系的算法，主要有以下几种。

（1）基于本体映射的链接方法

大部分学者将链接数据的研究工作集中在面向实例级别（level of instances）的实体链接和共指关系发现问题上开展，而对于面向本体模式（schema - level）的链接数据构建研究则易被忽视[34]。大部分算法在发现链接的时候仅仅考虑了实例数据之间的映射关系，而在本体模式异构的情况下，两个数据集的本体模式也需要进行链接，本体模式上的链接也会促进更多实例数据链接的发现。

Jain 等学者发布了 BLOOMS 系统，该系统基于 Bootstrapping 方法并采用 Wikipedia 顶层分类树作为相似度计算知识库，从而进行 LOD 环境中的面向本体模式的链接构建[34]。参考文献［35］中列出了基于编辑距离和基于 Token 的几种典型元素级相似度计算算法，并对几种算法的性能进行了评测。S. Melnik 等提出了一种结构级本体映射算法 Similarity flooding，该系统利用本体的概念体系构造相似度传播图，并对概念之间的相似度进行传播和修正[36]。Zhong 等学者提出了 RiMOM 系统，该系统基于本体实例、概念名称以及本体结构等特征的多策略映射方式，并通过引入普适的场论思想，使得该系统在面对同名异议的本体概念映射情况时具有优势[37,38]。F. Giunchiglia 等提出基于语言学的方法，并引入共享知识词典（如 WordNet），利用语言关系进行语义关系发现[39]。参考文献［40］提出一种实例级的本体映射算法，它根据本体概念的公共实例数量来度量概念之间的相似度。

（2）面向中文语言知识库的链接构建

在中文本体知识库方面，Wang 等学者提出基于中文百科的分类体系抽取概念间的层次关系、获取含有 Infobox 的词条网络页面中的概念属性及百科词条实例，最终建立起基于百度百科和互动百科的两大中文大规模本体库，并根据关键字匹配策略，与 DBpedia 建立起实例之间的共指关系[15]。Niu 等将百度百科、互动百科及中文维基百科进行语义集成，并开发出基于中文描述的实例级关联数据应用系统[41]。

李佳等提出了一种基于知网（Hownet）的元素层概念相似度计算的方法，并设计了一个中文本体映射系统[42]，但该系统未考虑中文语言"语序敏感"和"一词多义"的特征规律，也未考虑面对大规模本体的映射效率问题。田久乐等提出了一种基于同义词词林的中文词语语义相似度计算算法[43]，但其成果并未在语义网环境下应用。

（3）跨语言知识库的链接构建

近年来，对于不同语言描述的知识库之间的链接发现也得到了学界的关注。Wang 等提出首先采用概念标注方法，借助少量的跨语言链接和内部链接种子来丰富内部链接，并在此基础上采用回归学习模型预测中英文维基百科之间潜在的跨语言链接[44]。

综上所述，虽然链接数据技术已经在多个领域得到应用，但是链接数据相关理论和技术的发展还不成熟，主要存在以下不足：

• 对于异构的数据集来说，不仅实体及其属性值的命名存在异构，属性本身的命名同样存在异构。属性主要连接了两个具有某种关系的实体，它是机器推理规则的主要组成部分，因此通过数据链接屏蔽属性命名的异构性将会有助于知识的自动发现。而目前的自动链接算法只考虑利用属性值之间的匹配来确定实体之间的共指关系，没有实现构建属性之间共指关系的自动构建。

• 目前的链接算法基本上都是在规模较小的两个数据集之间进行链接，当具有一定规模的多个数据集同时进行链接时，将会对自动链接算法的机制和效率提出更高的要求。

• 由于目前进行链接的数据规模较小，一般都将表示链接关系的数据添加到源数据集中。随着数据规模的增大，这种链接关系的存储方式将会严重影响访问速度，且对链接关系的更新造成不便。

• 目前还缺乏有效的链接关系验证机制，无法评价自动构建的链接关系的正确性。

• 目前发布在网络上的中文大规模本体仍然较少且存在较大的异构性，而现有的中文本体映射系统在面对大规模本体映射任务时，其映射效率和可用性还有待验证。因此，现阶段仍缺乏针对中文语言描述且适应 LOD 环境的面向本体模式的大规模链接数据系统[45,46]。

1.2.4　知识图谱

经过相关领域研究人员的不断努力，人们成功地将本体映射的方式进一步整合处理，使不同来源的知识形成链接数据，然而这些是远远不够的，对知识的渴望促使我们不断进步。根据先验知识，在相互独立的实体之间创建联系，将实体连接成图，可形成知识图谱模型。目前，知识库以知识图谱的形式被广泛应用于许多领域。语义网络的研究已经进入了知识图谱时代，但是由于与知识库相似的原因，许多知识图谱都是为了特定的目的而单独创建的。此外，知识图谱嵌入模型已广泛应用于处理知识图谱完成任务，其目的是基于知识图谱中现有的三元组预测缺失实体或关系。

研究人员曾提出几种典型的基于翻译模型的实体嵌入学习方法。E. Trans 通过将关系解释为在实体的低维嵌入操作的转换来建模关系[47]。H. Trans 将关系建模为超平面，并对其进行翻译操作[48]。R. Trans 通过将实体从实体空间投影到对应的关系空间，然后在投影的实体之间建立翻译来学习嵌入，使该方法应用于链接预测、知识三元组分类和关系提取的效果相较于包括 E. Trans 和 H. Trans 在内的最新基准，已有显著的改进[49]。Wang 等合并了丰富的文本上下文信息以扩展知识图谱的语义结构，并且使每个关系对不同的头实体和尾实体拥有不同的表示形式，以更好地处理 $1-to-N$、$N-to-1$ 和 $N-to-N$ 关系[50]。

此外，学术界还提出了一些非翻译的实体嵌入的学习方法。参考文献[51]使用了神经网络学习方法，将不同知识库中的三元组嵌入到一个灵活的连续向量空间中。参考文献 [52] 发现将实体表示为构成单词向量的平均值可以提高性能。Nickel 等利用张量分解和多路神经网络的潜在特征模型，表示与知识矩阵之间的关系[53,54]。基于知识图谱嵌入模型，ESR[55]用于表示实体空间中的查询和文档，并根据其知识图谱嵌入中的语义连接对它们进行排序，用来应对错误数据源对于知识查询的影响。当然，实体匹配问题在知识图谱阶段依然存在，BGNSE[56]有向图网络结构化嵌入针对这一问题进行研究，以求完善知识图谱。SNEQ[57]是一种新型的半监督网络嵌入和压缩的方法，与其他低维嵌入方法相比，具有更高的空间和时间效率。

2

网络舆情知识库顶层设计

面向大数据环境的网络舆情知识库自动构建研究总体上分为三个阶段展开：

第一阶段，基于叙词表的舆情本体框架自动转换；

第二阶段，面向大数据处理的网络百科知识去噪；

第三阶段，精炼后的百科知识与舆情本体框架自动融合。

顶层设计框架如图2-1所示。

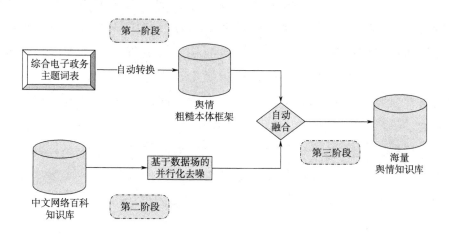

图2-1 顶层设计框架

2.1 自动构建舆情领域本体框架

舆情领域本体框架是构建突发事件舆情知识库的基础和前提，政务主题词表作为领域词汇的集合，覆盖了与政务相关的21个子领域、含有大量固定和明确的语义关系，并具有分类及分级的概念体系。而中文网络百科（如百度百科和互动百科）涉及和覆盖11大顶级领域，也具有开放域（open domain）特征。网络开放百科与政务主题词表都具有跨领域覆盖的特点，同时二者又各有侧重，这就为我们快速、自动地构建大规模领域本体库提供了可能。本书基于《综合电子政务主题词表》，探索和实现一种自动转化式构建突发事件粗糙知识库框架的新方法。

目标是自动化生成舆情本体框架。难点在于保障自动转换得到的语义关系的准确性和全面性。

2.2　开放域网络百科知识并行化自动去噪

基于现有方法（见参考文献［14］）构建的中文网络百科知识库中存在大量噪声知识，这主要是由于网络百科的开放协作特点使得大量词条实例的知识三元组被不恰当地归类所导致的。为了避免噪声知识对系统的干扰，只有首先对海量知识进行精炼，才能使其具备自动融合进入本体框架的条件。因此，面对大规模知识库中存在的大量噪声知识三元组，本书拟研究对其进行并行去噪的新方法。

目标是对开放域的海量知识进行去噪和精炼，为后续与舆情领域本体框架进行自动融合提供基础保障。难点在于要求数据依赖分析、并行算法设计能符合开放域百科在不同子领域上的特征。

2.3　舆情本体框架与百科知识自动融合生成知识库

中文网络百科作为一种面向开放域的海量知识库，其中蕴含着大量的面向具体领域的常识性知识。在构造突发事件粗糙本体和对百科知识进行去噪处理的基础上，本书面向中文语言的语义相似性特征，研究将我国政府舆情本体框架与网络百科知识库进行自动关联和融合的技术，进而提出自动构建海量舆情知识库的新方法和新理论。

目标是为政府舆情监控和决策支持系统提供基础支撑。难点在于中文词语的语义相似度计算。

3

网络舆情知识库实施路径

3.1　基于叙词表——《综合电子政务主题词表》的突发事件舆情本体框架自动构建

一般来说，某领域主题词表中的 F，S，C，D 和 Y 五种关系都可以隐含地对应为 OWL 标准中的 N 种不同的语义关系。这种 1：N 的映射情况给从主题词表到本体的大规模自动转换带来了困难与挑战。在主题词表的所有语义关系中，层级、等价关系比相关关系语义更明确，因此在转换过程中易于建立映射规则。从词表中抽取概念术语来建立本体概念可以减少构建过程对领域专家的依赖。

本书提出一种从主题词表到符合 OWL 规范的本体框架自动转换算法（automatic mapping）。该算法以"突发事件"主题词作为领域入口顶层概念进行舆情本体框架自动构建，将该领域主题词表中的 F，S，C，D 和 Y 五种关系映射为概念的继承关系和等同关系，形成突发事件舆情粗糙本体框架（rough ontology）。具体的转化规则如表 3－1 所示。

表 3－1　主题词表词间语义关系至 OWL 规范的自动转换映射规则

主题词表词间的语义关系	符号	含义	转换映射至 OWL规范的语义关系
层级关系	S（属）F（分）	广义（上位）词、狭义（下位）词	< subClassOf >
等价关系	Y（用）D（代）	正式（同义）词、非正式（同义）词	< equivalentClass >
相关关系	C（参）	相关词	< equivalentClass >

3.2　基于数据场势函数聚类的舆情知识库精炼新方法

在进行大规模领域本体的构建时，基于手工方式的构建模式效率较低并且可行性较差。为了解决大规模领域本体库的自动化构建问题，利用中文网络百科与领域主题词表都具有跨领域覆盖的特点，可以通过领域主题词表与网络百科知识库相融合的两阶段自动化构建方法生成大规模领域本体。但是由于中文网络百科系统具有开放性和公众协同开发与维护的特点，导致大量的知识三元组被不恰当归类，这就使得前人基于网络百科自动抽取的知识库包含大量的噪声信息。因此在前期工作的基础上，为了改进本体自动生成系统的查准率和查全率，就需要基于高效的聚类算法来解决如何对抽取到的知识进行去噪的问题。

构建领域本体是实现政务知识图谱的基础和前提，而领域主题词表作为领域词汇的集合，覆盖了与本领域相关的多个子领域，含有大量固定的简单的语义关系，而且具有分类及分级的概念。中文网络百科则面向开放域提供知识共享和协同平台。可以看到，网络开放百科与领域主题词表都具有跨领域覆盖的特点，同时二者又各有侧重。相比于传统的基于主题词表构建领域本体的方法，采用政务主题词表与网络百科融合的方式可以充分发挥两种不同知识源的优势，这就为我们快速、自动地构建大规模政务领域本体库提供了可能。但是本书的前期研究工作仍存在两方面不足[58]：

一方面，提出的粗糙本体构建方式只是以关键字匹配为依据来对两种知识源中的概念进行映射和融合，而忽视了中文概念的语义信息。

另一方面，由于中文网络百科的开放性和采取面向大众进行协同创作的机制而导致词条实例和知识三元组被不恰当地归类，因此从面向开放域的中文网络百科系统中抽取的本体往往包含大量噪声信息。

具体地讲，在本研究的前期工作中，我们对百度百科 1 667 个子类对应的 Infobox 模板，全部进行了谓词出现频率（term frequency，TF）的统计计算，并对其进行了排序。结果表明，出现的谓语共计有 22 442 个。但是，由于网络百科是面向公众用户进行协同创作的系统，其分类体系具有一定的开放性和随意性，这就导致大量的 In-fobox 三元组被不恰当地归类，因此，我们从统计结果中发现很多子类的谓词出现频率排序无法反映该类特征的现象。以概念"贸易"为例，大部分含有语义特征的谓词出现在中频区甚至是低频区，而在高频区中却出现大量的非特征谓词，如表 3－2 所示。

表 3－2　概念"贸易"的属性 TF 值排序

排序	属性名称	出现次数	TF 值
1	中文名	689	0.431 975
2	国籍	455	0.285 266
3	出生日期	443	0.277 743
4	职业	433	0.271 473
5	出生地	407	0.255 172
6	定价	388	0.243 26
7	毕业院校	347	0.217 555
8	公司名称	345	0.216 301
9	成立时间	341	0.213 793
10	外文名	331	0.207 521
11	总部地点	328	0.205 643
12	主要成就	311	0.194 984
13	类别	285	0.178 683
14	公司性质	272	0.170 533
15	经营范围	271	0.169 906
16	外文名称	229	0.143 574
17	民族	189	0.118 495
18	代表作品	184	0.115 361
19	员工数	92	0.057 68
20	中文名称	87	0.054 545

为了解决该问题，具体的研究内容包括以下两种。

第一，面向百度百科、互动百科以及中文维基百科，首先研究一种中文网络百科同义词库的方法对中文知识三元组进行相似度度量，并基于拟核力场势函数探索对百科知识三元组进行精炼和去噪的新方法。

为了实现对中文开放百科知识三元组的去噪，首先采用中文网络百科同义词库的方法对中文知识三元组进行相似度度量，在此基础上将拟核力场势函数引入聚类操作中，目的是最大限度地去噪以提高系统查准率。通过重新聚类精炼出三大百科知识库中具有共性特征的概念实例及其知识三元组，并基于本书的前期工作，将经过精炼的百科三元组与主题词表相融合，自动化构建领域本体，为中文链接数据构建和领域知识共享提供支撑。

第二，基于同义词词林进行主题词表主题词与中文百科分类树中概念之间的相似度度量，探索自动化构建良构的领域本体库的新方法。

本书将百度百科作为目标本体，互动百科作为参照本体。为了更加高效准确地计算知识三元组之间的初始关联度，本书采用跨语言通用的编辑距离与中文同义词词林相结合的多策略融合相似度计算方法对中文知识三元组进行初始关联度度量[59]。这是因为在语义环境下，中文知识三元组不仅拥有概念之间的字面相似性，还具有语义相似性，因此只采用一种方法是片面和不准确的。两种算法进行比较，取其中较大值并累加到百度百科三元组与互动百科相应大类的知识三元组关联度结果。由于三元组本身存在未登录词，无法在同义词词林中直接识别，因此引入 ICTCLAS 系统做分词预处理。通过多策略融合的相似度计算方法对中文知识三元组进行初始关联度度量，并将其定义为百科知识数据场中的数据质子的质量。在此基础上引入拟核力场势函数对质子进行聚类操作，目的是最大限度地去噪以提高系统准确率。技术路线如图 3 - 1 所示。

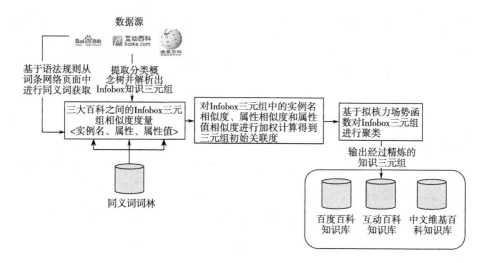

图 3-1 百科知识精炼流程图

由于初始关联度计算具有对称性，因此本书拟只计算百度百科的知识三元组与互动百科的 13 大类中相对应的大类初始关联度。例如，计算百度百科生活大类中游戏子类的知识三元组与互动百科知识三元组的初始关联度，只需要对应于互动百科生活大类的三元组即可。具体的百科知识三元组已整理出相应文件。

本书基于数据场聚类算法的中文百科知识精炼方法，在抽象的方法论层次上，我们发现领域主题词表与中文网络百科体系架构的固有特征以及二者存在的互补性。本书认为，中文网络百科系统对基于主题词表的大规模领域本体库构建具有积极价值，并拟基于数据场理论对开放百科系统中的噪声数据进行知识去噪，在此基础上提出一种新的领域本体自动构建方法。

具体实施路径如下。

（1）网络百科知识的获取

百科页面上出现的 Infobox 信息框中蕴含着大量的语义知识，因此，我们可以将这些结构化信息提取出来形成知识三元组。具体抽取规则为：将词条名（term）作为三元组中的主语（subject），Infobox 中出现的属性（attribute）作为三元组谓语（predicate），属性值（attribute value）作为三元组的宾语（object）。该知识获取过程可以通过解析百科词条的 HTML 页面相关标签内容自动完成。首先，将中文网络百科词条的网络页面中的 Infobox 三元组知识进行解析和提取，并将网络百科系统中的开放分类树抽取出来作为概念集合，最后将知识三元组作为实例与其对应的概念进行关联形成百科知识库。该步骤在前期的研究工作中已完成，目前只需对海量知识库进行更新和完善。

通过对百科开放分类页面主题标签的自动抽取并生成本体，可以建立起一个有多个概念层次的本体。其中，"sub – class of"用来表示知识三元组层次结构中各种概念之间的父子类关系。将每个百科页面中的词条实例组织集成起来，每个实例对应于实际的词条百科页面。例如，如果词条"北京"属于开放分类中的概念——"直辖市"，则可将其以知识三元组的形式表达为：< 直辖市，实例，北京 >。

（2）基于同义词词林的词表对百科 Infobox 三元组进行相似度度量

具体地，对于两个知识库 KB^{source}，KB^{target} 中的知识三元组

$$T_i^{source} = < Subject_i^{source}, Predicate_i^{source}, Object_i^{source} > 和 T_j^{target}$$
$$= < Subject_j^{target}, Predicate_j^{target}, Object_j^{target} >$$

基于图模式的相似度计算方法来定义三元组中的主语相似度为

$$S^H \left(Subject_i^{source}, Subject_j^{target} \right) = S_{ij}$$

谓语相似度为：

$$S^H \left(Predicate_i^{source}, Predicate_j^{target} \right) = P_{ij}$$

宾语相似度为：

$$S^H \left(Object_i^{source}, Object_j^{target} \right) = O_{ij}$$

其中，S^H 为基于 Hownet 的相似度计算函数。拟引入优序图法（Precedence Chart）对主语、谓语和宾语的重要性权重进行定量计算，得到权重系数分别为：$\lambda^{Subject}$，$\lambda^{Predicate}$，λ^{Object}。由此得到三元组

T_i^{source} 和 T_j^{target} 的相似度 SIM_{ij} 为：

$$SIM_{ij} = \lambda^{Subject} \times S_{ij} + \lambda^{Predicate} \times P_{ij} + \lambda^{Object} \times O_{ij} \quad (3-1)$$

则得到知识库 KB^{source} 中的知识三元组 T_i^{source} 与知识库 KB^{target} 的初始关联度 m_i^{source}：

$$m_i^{source} = SIM_{i1} + SIM_{i2} + SIM_{i3} + \cdots + SIM_{in^{target}} = \sum_{j=1}^{n^{target}} SIM_{ij}$$

$$(3-2)$$

由于关联度计算具有对称性，因此知识库 KB^{target} 中的知识三元组 T_j^{target} 的初始关联度 m_j^{target} 同理可得。具体地基于同义词词林的相似度计算函数 S^H 的实现将基于现有的开源软件并根据本课题研究时所遇到的实际情况考虑是否进行改进和优化。

（3）将全部知识三元组的初始关联度代入拟核力场势函数进行聚类

由于同一个知识三元组可能同时属于多个不同概念的实例，因此通过计算概念之间的语义距离得到的最终势值可以反映隶属于不同概念的同一个知识三元组的共性和特性，也就是说，势值较高的知识三元组具备一定的共性特征可以保留，而势值较低的知识三元组则很有可能是被不恰当归类而可以被剔除出知识库。本书采用上述流程达到知识精炼的目的，并通过数值实例和仿真研究来定量地确定具体的基于势值的知识三元组剔除规则。

（4）基于两阶段法进行本体自动化构建

基于前期工作提出的领域主题词表与网络百科知识库相融合的两阶段领域本体构建方案进行本体生成[58]。在第一阶段，基于同义词词林的概念语义相似度计算方法进行叙词表至本体的粗映射，形成领域粗糙本体。在第二阶段，主要将百科知识与粗糙本体进行自动融合、自适应调整和扩充，进而形成含有丰富语义信息的、良构的领域知识库。大规模知识库的两阶段构建方法如图 3-2 所示。

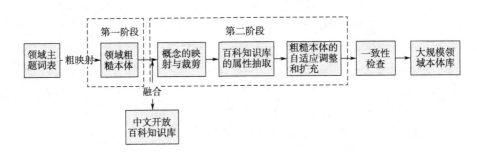

图 3 - 2　两阶段方法总体框架

3.3　基于 Map/Reduce 框架的突发事件舆情知识并行精炼新观点

基于数据场势函数的知识精炼方法需要首先进行百科知识库之间的全部知识三元组的关联度映射计算，但是由于知识库中三元组数量巨大，会导致串行算法的计算时间过长。例如，对于百科词条"李娜"的知识三元组初始关联度进行计算，其在百度百科人物大类的数据场中所涉及的知识三元组数量为 20 万条左右，而在互动百科人物大类下涉及的知识三元组数量为 30 万条左右，若以此规模进行全配对映射的初始关联度求解运算，同义词词林相似度计算算法被执行的次数将高达（20×10^4）×（30×10^4）= 6×10^{10} 次（约 60 亿次）。经过初步测试，该运算规模需要一台普通 PC 机（2.4GHz 4 核 CPU，4G 内存）连续运算 264 小时。但是在百度百科知识库中参与运算的三元组之间并不存在数据依赖关系，这就为我们进行原始串行算法的并行化改造提供了可能。

面向大数据和知识图谱的计算密集型环境，我们认为，可以采用基于 Map/Reduce 的框架对初始关联度计算串行算法进行并行优化。因此，我们提出一种对其进行并行去噪的新观点和框架，操作过程如图 3 - 3 所示。

图 3 – 3　并行优化研究过程

知识三元组去噪并行优化算法框架如图 3 – 4 所示。

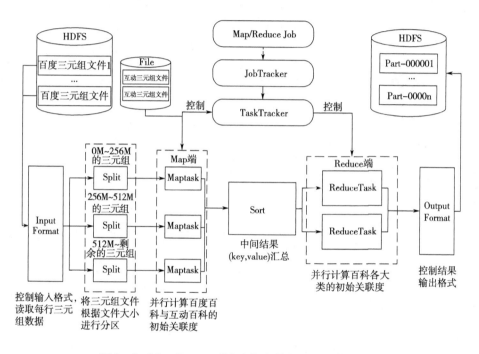

图 3 – 4　Map/Reduce 并行知识初始关联度计算概念图

由图 3 – 4 可知，并行去噪算法首先将知识三元组文件转换至
hadoop 平台下的 HDFS 文件，此时 HDFS 文件呈流水线形式排列，内
部通过 Namenode 和 Datanode 进行管理，默认文件的每一个 block 分
块大小为 128 MB。Namenode 为每一个 block 分块打标签。

然后通过 hadoop 程序中 Inputformat 方法控制文件输入，hadoop
默认情况是以文件中每一行的数据通过键值对的方式依次输入，程
序把这一行的偏移量作为键，而这一行的具体内容作为值。接着，
程序可以将输入后的数据自定义拆分成若干个子块，这里采用系统

默认的拆分方式进行。

完成这一步骤后，通过 Map/Reduce Job 工作区，JobTracker 能够管理所有的作业并将作业分解成一系列的任务，形成相应任务后将任务分配给对应的 TaskTracker，同时对 TaskTracker 的运行进行监控和错误处理。

4

实验数据与可行性分析

4.1　实验数据的来源

本书拟采用真实应用环境中得到的海量数据对相关系统进行评测和验证。具体包括两部分：领域主题词表和中文三大百科知识源（百度百科、互动百科和中文维基百科）。但是由于中文网络百科系统和词条的更新频度较快，因此需要开发新的网页爬虫程序对三大百科词条的网络页面进行重新解析与更新基础知识库。在数据准备方面已经进行了以下工作：

第一，顶层分类树的重新爬取和概念层次框架的构建。

第二，对全部百科词条网络页面上的 Infobox 信息框重新解析和更新知识三元组。

第三，基于自定义的语法规则获取词条网络页面上出现的包含同义词的实体语义关系，并以此为依据作为百科知识三元组相似度度量的重要知识源。

相比于国际通用的本体及其映射任务，如 OAEI（Ontology Alignment Evaluation Initiative）等国际组织发布的多领域标准本体及其映射的基准评测指标，现有开源的中文大规模本体仍然较为匮乏。因此，本书采用中文网络开放百科知识库作为实验数据源。除 DBpedia（中文版）知识库以外，作为本项目的前期工作，我们已使用爬虫工具包 HTMLParser 分别对百度百科和互动百科的开放分类页面进行爬取和解析。

我们不仅将中文网络开放百科中的分类体系进行了解析，同时，将全部词条页面上所包含的 Infobox 结构化信息也进行了抽取和解析，并将其以中文字符知识三元组的形式组织起来，最终形成三个待映射的大规模中文本体库。

其中，百科开放分类体系主要构成本体的概念体系，而 Infobox 信息框中的知识则以百科页面的名称作为主语、属性名称（Property）作为谓语、属性值作为宾语。由此我们构建了包含超过 1 300 个概念的百度百科本体框架以及含有 29 263 个概念的互动百科本体框架。其中，百度百科分类体系中的顶层分类包括人物、科学、历史、体育和教育等 13 大类；互动百科顶层分类包括人物、技术、热点话题等 13 大类。DBpedia（中文版）被视为语义化的维基百科知识库，它包含 23 个顶层分类，共含有 10 万余个概念，可以直接从维基百科提供的下载链接得到。三大中文网络百科知识库相关信息如表 4 - 1 所示。

表 4 - 1　中文网络百科知识库信息

项目		百度百科	互动百科	DBpedia 3.8（中文版）
本体概念	子分类	13	13	23
	中文知识三元组数量	1 323	29 263	106 000
Infobox 信息框知识	百科词条包含的 Infobox 信息框数量	214 732	257 215	204 822
	Infobox 信息框所包含的概念属性数量	21 152	1 061	18 206
	中文知识三元组数量	1 698 149	2 161 616	4 077 898
词条实例	词条页面的 Infobox 信息框出现频率	2.30%	10.10%	19.74%
	中文知识三元组数量	9 346 184	2 545 447	1 037 557

4.2　拟采用的评测指标

本书的三个主要研究方面均采用查准率（Precision）、查全率（Recall）和 F - measure 作为系统性能的评测指标。

$$\text{Precision（P）} = \frac{标注出的相关信息量}{标注出的信息总量} \times 100\%$$

$$\text{Recall（R）} = \frac{标注出的相关信息量}{系统中的相关信息总量} \times 100\%$$

$$\text{F－measure（F1）} = \frac{2 \times P \times R}{(P + R)} \times 100\%$$

4.3 可行性分析

4.3.1 技术可行性

数据场聚类方法已被广泛应用于图形图像处理等研究领域，该方法已被证明具有较好的聚类效果和收敛速度。而在本书中，对于百科中的同一个知识三元组而言，被不合理归类的知识三元组经过拟核力场势函数最终得到的势值，理论上会低于被归类在相对合理百科分类概念下的其他知识三元组。这是因为势值函数的计算取决于两个因素：

第一，知识三元组的初始关联度；

第二，知识三元组所隶属的概念与其他概念之间的语义距离。

因此，虽然同一个知识三元组可能被分类在多个不同的百科概念下，但它们的初始关联度相同；而对于同一个知识三元组而言，不合理归类的知识三元组在与其他知识三元组在计算语义距离时存在劣势。也就是说，合理归类的知识三元组概念之间的语义距离会较小，因此通过最终比较同一个知识三元组在不同分类概念下的势值大小，可以为知识的去噪提供定量依据。

4.3.2 工作条件

4.3.2.1 软件设施方面

首都经济贸易大学实验室机房已具备相关本体开发支撑平台 Protege 4.1、RDF 数据发布与构建工具包 D2R Server、语义数据查询与推理工具 Jena，并部署有中文分词工具包 ICTCLAS 50 和支持海量语义数据存储的大型数据库管理软件 Oracle 11g 等。

4.3.2.2 硬件设施方面

笔者一直与相关单位保持着密切的联系与合作关系，特别是北京工业大学计算机学院可提供高性能计算和云计算实验平台环境，该平台拥有 250 多个高性能计算节点，可以提供约 23TFlops 的计算能力和总量为 40TB 的存储能力，其计算与存储能力排在全国高校前五位。这就为本课题现在和未来进行的基于中文海量知识库的大数据语义分析与挖掘研究提供了硬件保障。

5

基于场论的中文百科知识精炼方法

在本书中，我们提出一种新的中文网络百科知识数据场聚类方法，对百科知识进行去噪。首先，基于编辑距离和同义词词林相融合的相似度计算方法获得知识三元组的初始相似度。其次，借助中文百科的词条分类标签构建知识三元组的数据场。最后，基于改进的数据场算法对海量知识三元组进行聚类并去噪，目的是尽量减少中文开放百科知识库中大量重复歧义的现象。该方法解决了基于现有方法构建中文知识库产生的语义重复、同义和知识三元组被不恰当归类等问题。实验结果表明，采用这一方法构建的面向开放域的中文百科知识库具备更高的正确率。

随着计算机网络及语义网络技术的发展应用，互联网逐步成为人们信息发布、交流、共享的主要平台。Web 3.0 技术的飞速发展已经将人们的生活带入大数据和知识图谱时代。信息查询、知识获取、技能学习逐步实现线下向线上转变，存储结构由文本化向半结构化、结构化存储格式转变。在线百科全书、百科网站等新型信息载体迅速发展，存储数据量急速积累增长。作为存储、组织、处理知识以及提供知识服务的重要知识集合，知识库的构建正在成为各行各业开展知识管理和知识服务的基础。

目前，知识库构建的手段更加丰富多样，其规模亦呈现出海量化的趋势。在线百科的蓬勃发展为大规模的知识发现与知识图谱构建工作提供了良好的数据源。随着中文网络百科的日渐成熟和兴起，学界也开始关注并研究从中自动抽取和建立知识库的方法。但是，由于中文词条之间存在大量的同义、歧义以及知识被不恰当归类等现象，使得中文网络百科知识库存在效率较低、正确性较差等问题。

5.1 背景介绍

目前，面向网络百科系统的大规模知识获取研究工作方兴未艾且大都基于机器学习方法。基于网络百科系统构建的海量知识库（如 DBpedia）也被认为是网络知识的万源之源。其中比较典型的工作，如：YAGO 和 DBpedia 是基于维基百科系统而构建的大规模语义知识库，其通过特定的 wiki 系统中间件从百科页面的结构化信息中提取知识。百科开放分类体系中的层次关系则被确定为概念之间的"is – a"关系。同时，词条页面上的 Infobox 信息框中则蕴含着海量的知识三元组。其作为关联数据（linked open data，LOD）的 Hub 已将许多不同领域的语义数据链接起来，进而形成一个宏大的关联数据网（lOD data web）。Fei Wu 等[12,13]开发的 Kylin 系统不仅关注百科词条网络页面上出现的结构化信息，还尝试从非结构化文本中提取知识三元组。

Chen Yidong 等较早提出利用中文百科 Infobox 中的对信息自动回标和获取训练样本集合的方法，进而基于统计学习模型从百科的非结构化文本中提取海量中文知识三元组[12]。Wang Zhichun 等面向中文网络百科系统中的结构化信息进行知识三元组的提取和海量知识库构建，提出基于中文百科的分类体系抽取概念间的层次关系、获取词条网络页面中的知识三元组及百科词条实例，最终建立起中文百科知识库[15]。

李金洋等基于中文维基百科标签数据，从词法、语法、结构等角度设计 12 种有效特征，实现 is – a 关系的预测和抽取。采用 Skip – gram 模型训练词汇分布表示（word embedding），挖掘描述文章数据中的语义关系。提出基于语言模式、启发式规则和关联规则挖掘的 is – a 关系推断方法，抽取分类树的上层概念。最后，提出大规模中文分类体系构建算法，并在构建分类体系的基础上，设计实现中文分类体系查询系统 CTCS2，满足语义查询的需要[60]。王雪鹏、刘康等提出了一种基于网络语义标签的多源知识库实体对齐算法。该算法综合利用属性标签、类别标签和非结构化文本关键词，对齐中文百科实体。该算法能够较好地解决多源知识库实体对齐问题，算法在近95%的准确率下，仍能保持近55%的较好的召回率，应用于实际系统中，满足了实际的多源知识库实体对齐应用需求[61]。

基于前人方法构建的中文网络百科知识库中存在大量噪声知识，这主要是由于网络百科的开放协作特点使得大量词条实例的知识三元组被不恰当归类所导致的。本章的主要贡献如下：

第一，基于编辑距离和同义词词林相融合的相似度计算方法获得知识三元组的初始相似度。

第二，借助中文百科的词条的分类标签构建 Infobox 知识三元组（triples）的数据场。

第三，基于改进的数据场算法对海量知识三元组进行聚类并去噪，目的是尽量减少中文开放百科知识库中大量重复歧义的现象。

5.2　精炼框架

本书将百度百科作为去噪的目标本体，将互动百科作为参照本体，拟采用跨语言通用的编辑距离与中文同义词词林相结合的多策略融合相似度算法对中文知识三元组进行初始相似度度量。这是因为在语义网络环境下，中文知识三元组不仅拥有概念之间的字面相似性，还具有语义相似性，因此只采用一种方法是片面和不准确的。两种算法结果进行比较，取其中较大值并累加到百度百科知识三元组初始相似度结果中。拟将初始相似度定义为百科知识数据场中的知识三元组质子质量，并在此基础上提出基于语义标签的改进拟核力场势函数对质子进行聚类计算，目的是最大限度地去噪以提高系统准确率。

总体上讲，本系统将整个知识三元组去噪过程分为如下两个阶段。

第一阶段：基于提出的编辑距离与中文同义词词林相融合的多策略相似度算法计算知识三元组的初始相似度。

第二阶段：基于提出的改进数据场聚类算法对知识三元组的初始相似度进行修正，最终达到去噪的目的。

本章中提出的去噪方法流程如图5－1所示。

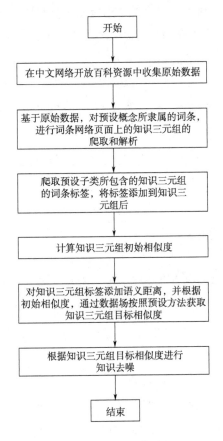

图5－1 系统总体流程

5.2.1 计算知识三元组初始相似度

本书中定义知识三元组分别由主语、谓语和宾语组成，用<S，P，O>表示一条知识三元组。其中，S代表三元组的主语，P代表谓语，O代表宾语。百度百科和互动百科的大类是指：百度百科和互动百科分类树中的顶层11大类，包括人物、体育、生活、文化、科学、经济、历史、社会、地理、自然、艺术。

初始相似度计算是在百度百科子类知识三元组文档与其所对应的互动百科顶层大类知识三元组文档之间进行的。例如，要计算百度百科子类文档"货币"的初始相似度，则需要将其与互动百科的大类"经济"文档进行知识三元组初始相似度计算，因为"货币"子类在百度百科中隶属于"经济"大类，所以需要与互动百科中的"经济"大类的知识三元组文档中的全部知识三元组进行映射来计算初始相似度并累加。

具体而言，在进行初始相似度计算时，基于编辑距离计算第一初始相似度；基于同义词词林计算第二初始相似度；对第一初始相似度与第二初始相似度按照预设方式进行互补融合，获取第三初始相似度。

在进行初始相似度计算时要考虑资源需求少、效率高的计算方法，因此采用基于编辑距离的相似度计算方法。通过编辑距离算法 SIM_E 可以获取知识三元组之间的字面相似性，而忽略其语义相关性。

设百度百科某子类知识三元组集合 B 中的任意一条知识三元组 $b_i = <b_{is}, b_{ip}, b_{io}>$，文档 B 所对应的互动百科大类文档 H 中的任意一条知识三元组 $h_j = <h_{js}, h_{jp}, h_{jo}>$，则对于知识三元组 b_i 和 h_j 中主语之间的编辑距离相似度计算方法如公式（5-1）所示。谓语之间和宾语之间的编辑距离相似度同理可得。

$$\text{SIM}_E(b_{is}, h_{js}) = \cfrac{1}{1 + \cfrac{|Step(b_{is}, h_{js})|}{\max(len(b_{is}), len(h_{js}))}} \qquad (5-1)$$

其中，$|Step(b_{is}, h_{js})|$ 为使 b_{is} 和 h_{js} 彼此相等所需要的编辑操作步数，$len(b_{is})$ 和 $len(h_{js})$ 表示词语 b_{is} 和 h_{js} 的字符数长度。

通过计算，得到百度百科知识三元组的第一初始相似度。

《同义词词林》是由梅家驹等人于 1983 年编纂而成的中文同义词典，初衷是希望提供较多的同义词语，对创作和翻译工作有所帮助。这本词典中不仅包括了一个词语的同义词，也包含了一定数量的同类词，即广义的相关词。根据《同义词词林》，将每个词汇进行编码并以层次关系组织在一个树状结构中，自顶向下共 5 层，每个层次都有相应的编码标识，5 层的编码从左至右依次排列起来，构成词元的词林编码。树中的每个节点代表一个概念，词语与词语之间隐含的语义相关度也随着层次的增加而提高。中文的概念共指关系识别实际上可以抽象为中文同义词的识别问题。这里我们实际采用的是其扩展版，即哈尔滨工业大学同义词词林（扩展版）[①]，作为第二初始相似度计算的字典词库。

根据词林的结构特点，首先对知识三元组中的主语、谓语和宾语的词林编码进行解析，抽取出第一至第五层子编码，再从第一层子编码开始比较。若出现子编码不同，则根据出现的层次来赋予该映射对相应的相似度权重。子编码不同出现在越深的层次，则相似度权重越高，反之则越低。同时，每层的分支节点数的多少也对相似度有影响。在本书中，我们采用一个改进的相似度计算公式，仍以知识三元组主语之间的相似度计算为例来说明，计算公式如（5－2）所示。谓语之间和宾语之间的相似度计算同理可得。

$$\text{SIM}_T(b_{is}, h_{js}) = \lambda \times \frac{L_n}{|L|} \times \cos\left(N_T \times \frac{\text{II}}{180}\right) \times \left(\frac{N_T - D + 1}{N_T}\right)$$

$$(5-2)$$

其中，λ 为调节参数语义相关度因子，借此来控制处于不同层次分支的词元之间可能相似的程度，$\lambda \in (0, 1)$；$L = \{1, 2, 3, 4, 5\}$，对 $\forall L_n \in L$，L_n 为第 n 层所代表的层数，$|L|$ 为集合 L 中的元素个数，在本系统中恒等于 5。N_T 为词语 b_{is} 和 h_{js} 在第 n 层分支上的节点总数，D 为词语 b_{is} 和 h_{js} 的编码距离。

通过计算，可以得到百度百科知识三元组的第二初始相似度。

由于 SIM_E 算法与 SIM_T 算法具有语义互补性，因此本书中将两种

[①] http：//ir. hit. edu. cn/demo/ltp/Sharing_ Plan. htm

算法的相似度结果进行互补融合，取两种算法结果的最大值。

本书提出百度百科子类知识三元组集合 B 中的任意一条知识三元组 b_i 的初始相似度计算方法，如公式（5 - 3）所示。

$$S\_b_i = \sum_{j=1}^{n} \begin{pmatrix} 0.3 \times \max(\text{SIM}_{\text{E}}(b_{is}, h_{js}), \text{SIM}_{\text{T}}(b_{is}, h_{js})) \\ + 0.5 \times \max(\text{SIM}_{\text{E}}(b_{ip}, h_{jp}), \text{SIM}_{\text{T}}(b_{ip}, h_{jp})) \\ + 0.2 \times \max(\text{SIM}_{\text{E}}(b_{io}, h_{jo}), \text{SIM}_{\text{T}}(b_{io}, h_{jo})) \end{pmatrix}$$

$$(5 - 3)$$

其中，0.3，0.5 和 0.2 分别为主语相似度、谓语相似度和宾语相似度在整个知识三元组 b_i 初始相似度计算时所占的权重系数，可以根据目标效果进行调节。

具体算法如下：

InterlinkingValue （B，H）

输入：百度百科某子类三元组集合 B 和对应的互动百科大类三元组数据集 H。

输出：百度百科子类三元组集合 B 的三元组初始相似度哈希表 $Map\_B < Key$，$Value >$。

- 获取 B 中的三元组集合，记为 $List\_B$。
- 获取 H 中的三元组集合，记为 $List\_H$。

for each Triple$b_i \in List\_B$

S_ $b_i \leftarrow 0$

   for each Triple$h_j \in List\_H$

   S_ $b_i \leftarrow$ S_ $b_i + 0.3 \times \max$ （SIM_{E} （b_{is}，h_{js}），SIM_{T} （b_{is}，h_{js}））

                    $+ 0.5 \times \max$ （SIM_{E} （b_{ip}，h_{jp}），SIM_{T} （b_{ip}，h_{jp}））

                    $+ 0.2 \times \max$ （SIM_{E} （b_{io}，h_{jo}），SIM_{T} （b_{io}，h_{jo}））

   end for

   $Map\_B.put$ （b_i，S_ b_i）

end for

returnMap_B

通过计算，得到百度百科某子类三元组集合 B 对应的知识三元组初始相似度。

5.2.2　对知识三元组词条标签添加语义距离

对每条知识三元组的全部词条标签添加语义距离。如果标签和知识三元组 b_i 所属的子类概念相同，则为圆心标签，距离值为 0。我们计算标签之间的语义距离就是计算在同一大类概念集合中其他标签与圆心标签的距离。我们规定，如果当前标签属于当下的顶层大类本体概念集合，则当前标签一定是圆心标签的父类或子类概念，如果当前标签是圆心标签的直接父类或子类概念，则语义距离为 1，因为百度百科分类树的最大深度为 2，以此类推，可得标签之间的最大语义距离为 6。

例如，以"河流"下的知识三元组（苏州河/中文名/苏州河）为例，因为苏州河虽然是一条河流，但是它也带有歌曲、电影和剧情片标签。地理是河流的直接父类，同时也是顶层大类，所以地理与河流之间的语义距离为 1。歌曲和剧情片是顶层大类生活的子类，同时歌曲和剧情片是休闲大类的子类，所以河流与歌曲之间的路径可以表示为河流—地理—根—生活—休闲—歌曲（剧情片），因此语义距离为 5。

5.2.3　基于改进数据场的知识三元组目标相似度计算新方法

需要说明的是，在数学上场是指一个向量到另一个向量或数的映射，在物理学中场是指每个点都受到力的作用的一种空间区域。最初的场主要是指磁场、电场、重力场等物理场。在上述物理场中，通常利用矢量场强函数和标量势函数来描述粒子间的相互作用。与物理场类似，在数据场中也可以定义矢量场强函数和标量势函数。数据场理论的提出是基于物理学中的场论思想，将数域空间中数据之间的相互关系抽象为物质粒子之间的相互作用问题，最终形式化为场论的描述方法。该理论通过势函数来表达不同数据间的相互作用关系，从而体现出数据的分布特征，并根据数据场中的等势线结构对数据集进行聚类划分。

在计算知识三元组目标相似度时，我们引入一个概念：势函数。

假设 F 为 D 中数据所产生的数据场，函数 $f_X(Y)$ 为其势函数，其中，$X \in D$，$Y \in \Omega$。它指出了数据元素 X 在 Y 处所产生的势值，$f_X(Y)$ 必须满足以下条件：

$f_X(Y)$ 是一个连续、平滑、有界函数；

$f_X(Y)$ 具备各向同性；

$f_X(Y)$ 是一个关于距离 $\|X-Y\|$ 的减函数，当 $\|X-Y\|=0$，$F_X(Y)$ 取得最大值；当 $\|X-Y\| \to \infty$，$F_X(Y) \to 0$。

我们列举一个比较常用的拟核力场势函数例子，如公式（5-4）所示。

$$f_X(Y) = m \times e^{-\left\{\frac{\|X-Y\|}{\partial}\right\}^k} \qquad (5-4)$$

其中，$m \geq 0$ 表示 X 对 Y 的影响强度，可以理解为 X 的质量。∂（$\partial \geq 0$）称为影响因子，它决定了元素的影响范围。当 ∂ 增大时，势函数值就增大。

在本书中，假设某一条知识三元组 b_i 的标签集为 T，则 $T=(t_1, t_2, t_3 \cdots \cdots t_n)$，$n>0$ 表示标签的个数，t_i 为其圆心标签。这里需要说明的是，作为公知常识，本书中所提及的词条分类标签全部隶属于百度百科开放分类体系中的概念集合。这里，两个标签之间的最短路径长度（语义距离）为 $d=|t_i-t_j|$。基于数据场理论可得知识三元组 b_i 的圆心标签 t_i 与其他标签 t_j 之间相互作用的场强函数表达式，如公式（5-5）所示。

$$f_{t_i}(b_i) = S\_b_i \times e^{-|t_i-t_j|^2} \qquad (5-5)$$

其中，S_b_i 表示标签对应的不同大类下隶属的子类概念所关联的知识三元组 i 的初始相似度。

本书对于不属于当前大类本体概念的标签进行惩罚，目的是为了对含有语义距离较远标签的知识三元组进行初始相似度削弱，以便基于目标相似度进行二次排序，目标排名靠后的知识三元组将被剔出知识库。所以要基于知识三元组所带标签进行场强计算，得到的目标相似度是对初始相似度进行修正的结果，改进优化后的分段函数如公式（5-6）所示。

$$\varphi_{t_j}(b_i) = \begin{cases} +f_{t_i}(b_i), d \in [0,3]（即：标签 t_j 属于圆心标签 t_i 所在大类） \\ -f_{t_i}(b_i), d \in [3,6]（即：标签 t_j 不属于圆心标签 t_i 所在大类） \end{cases}$$

$$(5-6)$$

其中，$\varphi_{t_i}(b_i)$ 是我们建立的分段函数。正负号代表当前标签 t_j 与圆心标签 t_i 是否在同一大类下，若在同一大类下，则表示该标签对知识三元组 b_i 有正向作用力；若不在同一大类下，则表示该标签对三元组 b_i 有反向作用力。

百度百科知识三元组目标相似度计算方法如公式（5-7）所示。

$$F\_b = \sum_{j=1}^{n} \varphi_{t_j}(b_i) \qquad (5-7)$$

具体算法如下：

Refining (O, Map_B, T)

输入：百度百科本体 O、知识三元组的初始相似度集合 Map_B 及标签集 T。

输出：数据场后的知识三元组目标相似度集合 Map_B'。

$\forall t_i \in T$，确定圆心标签 t_i

$d = \| m^i - m_j \|$ //计算其他标签与圆心标签的最短距离

令 $F\_b_i = 0$ //存储知识三元组 b_i 的目标相似度

for each $t_j \in T$

  if $0 \leqslant d \leqslant 3$, then   //若当前标签 t_j 属于圆心标签 t_i 的大类

  $F\_b_i \leftarrow F\_b_i + S\_b_i \times e^{-|t_i - t_j|^2}$ //则该标签对三元组 b_i 有正向作用力

  else then   //若当前标签 t_j 不属于圆心标签 t_i 的大类

  $F\_b_i \leftarrow F\_b_i - S\_b_i \times e^{-|t_i - t_j|^2}$ //则该标签对知识三元组 b_i 有反向作用力

  $Map\_B'.put(b_i, F\_b_i)$

end for

ReturnMap_B'

对知识三元组初始相似度集合和经过数据场处理后的知识三元组目标相似度集合按相似度从大到小排序，就可以看出本方法对于不正确的知识三元组的排名下降有很好的效果，从而更利于我们去噪和优化知识库。

5.2.4 根据知识三元组目标相似度进行知识去噪

在对初始相似度进行改进的数据场算法处理之后，按照目标相似度值进行降序排序。对于一个子类的三元组目标相似度集合，按照黄金分割点的思想，取后41%的知识三元组，然后得到最终经过去噪和精炼的知识集合。

5.3 实验结果与总结

为了验证本书提出的中文知识库构建新方法的效果，我们从百度百科和互动百科等中文网络开放百科中提取数据集，并设计了如下两个实验。

第一，比较第一阶段和第二阶段之后的每个子类数据中后41%的不正确归类知识三元组的个数。该实验主要是观察经过改进的数据场算法聚类排序后而被剔除的后41%的不正确归类知识三元组个数，与没有进行数据场处理的初始相似度集合降序排序后的后41%不正确归类知识三元组个数进行比较，对结果进行合理分析对比。

第二，比较两个阶段处理之后得到的正确率。

本书采用中文网络百科开放百科知识库作为实验数据源，使用爬虫工具包 HTMLParser 分别对百度百科和互动百科的开放分类页面和词条页面所包含的 Infobox 结构化信息进行爬取和解析，并以中文知识三元组的形式组织起来，形成初始的大规模中文开放域知识库。然后将爬取的数据分成 11 个顶层概念集，每一个顶层大类又包含子类概念，子类概念中又包含相应的知识三元组。

在对百科数据集手工标注正确答案的过程中，可以看出 11 个顶层大类、所属大类的子类以及相应子类中词条知识三元组的个数。这是人工标注的结果，其原则是看知识三元组是否与相关子类属性匹配，若匹配标注 Y，反之则标注 N。

接下来对实验数据进行评估。

计算筛选出的知识三元组的查准率（Precision）的方法为：

$$\text{Precision（P）} = \frac{\text{输出的恰当归类的知识三元组个数}}{\text{输出的知识三元组总数}} \times 100\%$$

实验以去噪为目标，即要求文档中知识三元组的准确率，要把标注为 Y 的三元组抽取出来，这一系统效果通过观察查准率就可以完全满足。

选取中文网络百科本体概念集中的顶层分类下的若干子类，通过对比发现 P 更能体现算法前后的效率，因此评价目标如表 5 – 1 所示。

表 5 – 1　中文网络百科本体映射评价统计表

顶层大类	子类	评价目标
地理	地貌	P
	河流	P
	湖泊	P
经济	银行	P
人物	教师	P
社会	政法	P
生活	景点	P
	食品	P
体育	赛事	P
文化	书画	P
	散文	P
	语言	P
艺术	乐队	P
	建筑	P
	收藏品	P

顶层大类	子类	评价目标
自然	地震	P
	星座	P

5.3.1 实验1

基于对知识三元组标签进行数据场处理，把得到的第二阶段目标相似度集合与第一阶段初始相似度集合从大到小分别进行排序，再分别比较各自子类知识三元组集合的后41%中被标注 N 的三元组个数变化，如表5-2所示。

表5-2 子类后41%中不恰当归类的知识三元组个数在数据场前后的变化

大类	子类文档	数据场前	数据场后	差值
地理	地貌	15	17	+2
	河流	112	128	+16
	湖泊	45	54	+9
经济	银行	123	115	-8
人物	教师	1 288	1 300	+12
社会	政法	6	353	+347
生活	景点	159	214	+55
	食品	163	271	+108
体育	赛事	2	12	+10
文化	书画	435	517	+82
	散文	256	312	+56
	语言	300	338	+38
艺术	乐队	126	143	+17
	建筑	306	301	-5
	收藏品	7	9	+2

续表

大类	子类文档	数据场前	数据场后	差值
自然	地震	90	98	+8
	星座	72	84	+12
总和		3 505	4 266	+761

从表 5 - 2 中可以看出，大部分子类文档后 41% 中不恰当归类的三元组个数在数据场后是增加的，并且效果比较显著，最显著的是"政法"子类，N 的个数增加了 347 个。同时海洋、银行、建筑三个子类中不恰当归类的知识三元组个数是减少的，但减少的程度比较小，考虑到总体不恰当归类的知识三元组个数增加了 761 个，所以可以忽略不计。

图 5 - 2 为本书提出的中文知识去噪方法处理后的子类排序后 41% 中不恰当归类的知识三元组个数对比示意图。由图 5 - 2 可以明显看出，经过数据场处理之后，子类知识三元组数据集的后 41% 中不恰当归类的知识三元组个数整体是增加的，这说明本书提出的改进数据场算法可以提高中文网络开放百科知识库构建的正确率。

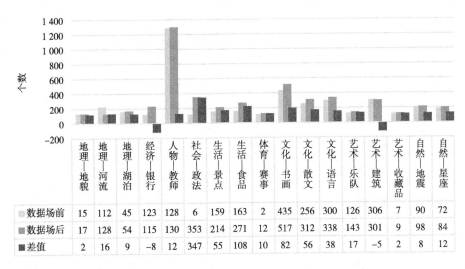

	地理—地貌	地理—河流	地理—湖泊	经济—银行	人物—教师	社会—政法	生活—景点	生活—食品	体育—赛事	文化—书画	文化—散文	文化—语言	艺术—乐队	艺术—建筑	艺术—收藏品	自然—地震	自然—星座
数据场前	15	112	45	123	128	6	159	163	2	435	256	300	126	306	7	90	72
数据场后	17	128	54	115	130	353	214	271	12	517	312	338	143	301	9	98	84
差值	2	16	9	-8	12	347	55	108	10	82	56	38	17	-5	2	8	12

图 5 - 2　排名后 41% 的不恰当归类三元组个数变化情况

5.3.2　实验 2

正确率是评价信息检索效果的重要指标，该实验把原始未处理的子类知识三元组数据集分为两个阶段：第一是按照初始相似度从大到小排序后的阶段；第二是基于数据场处理之后再按照相似度从大到小排序后的阶段。原始未处理的数据在这两个阶段下，先删除后 41% 的子类中的知识三元组，然后求剩下的知识三元组数据的 P 值，进行阶段性的比较。

图 5-3 和图 5-4 为本书提出中文知识去噪方法在两个处理阶段结束并删除排名后 41% 的知识三元组之后，得到的 P 值对比示意图。

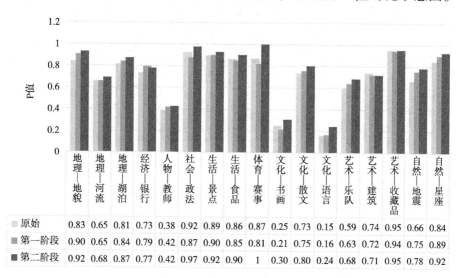

	地理—地貌	地理—河流	地理—湖泊	经济—银行	人物—教师	社会—政法	生活—景点	生活—食品	体育—赛事	文化—书画	文化—散文	文化—语言	艺术—乐队	艺术—建筑	艺术—收藏品	自然—地震	自然—星座
原始	0.83	0.65	0.81	0.73	0.38	0.92	0.89	0.86	0.87	0.25	0.73	0.15	0.59	0.74	0.95	0.66	0.84
第一阶段	0.90	0.65	0.84	0.79	0.42	0.87	0.90	0.85	0.81	0.21	0.75	0.16	0.63	0.72	0.94	0.75	0.89
第二阶段	0.92	0.68	0.87	0.77	0.42	0.97	0.92	0.90	1	0.30	0.80	0.24	0.68	0.71	0.95	0.78	0.92

图 5-3　P 值对比柱状图

表 5-3 列出了每个子类知识三元组数据集在三个阶段的 P 值，最后一列是比较第三阶段相较于原始数据 P 值提高的百分比，从数据可以明显看出，经过数据场处理后与完全不处理时的 P 值相比基本都有了显著的提高，只有子类"建筑"有了小幅下降，这相对于总体 P 值的提升来说是微不足道的，所以我们可以判定，基于数据场处理的方法能够提高我们对于知识库构建的正确率。

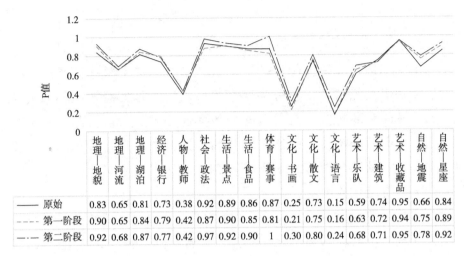

	地理—地貌	地理—河流	地理—湖泊	经济—银行	人物—教师	社会—政法	生活—景点	生活—食品	体育—赛事	文化—书画	文化—散文	文化—语言	艺术—乐队	艺术—建筑	艺术—收藏品	自然—地震	自然—星座
—— 原始	0.83	0.65	0.81	0.73	0.38	0.92	0.89	0.86	0.87	0.25	0.73	0.15	0.59	0.74	0.95	0.66	0.84
---- 第一阶段	0.90	0.65	0.84	0.79	0.42	0.87	0.90	0.85	0.81	0.21	0.75	0.16	0.63	0.72	0.94	0.75	0.89
—·— 第二阶段	0.92	0.68	0.87	0.77	0.42	0.97	0.92	0.90	1	0.30	0.80	0.24	0.68	0.71	0.95	0.78	0.92

图 5-4　P 值对比折线图

表 5-3　两个阶段删除后 41% 的 P 值变化情况

大类	子类文档	P 值			P 值提高率
		原始数据	第二阶段	第三阶段	（%）
地理	地貌	0.839 160 839	0.905 179 566	0.928 884 675	8.97
	河流	0.658 024 691	0.654 739 485	0.688 219 293	3.02
	湖泊	0.814 285 714	0.840 885 507	0.872 016 603	5.77
经济	银行	0.733 490 566	0.794 131 756	0.778 141 989	4.47
人物	教师	0.388 213 087	0.420 927 653	0.425 193 38	3.70
社会	政法	0.926 384 474	0.876 929 359	0.975 329 157	4.89
生活	景点	0.896 798 17	0.902 123 247	0.928 772 858	3.20
	食品	0.866 610 972	0.850 851 234	0.901 826 128	3.52
体育	赛事	0.870 967 742	0.817 751 048	1	12.90
文化	书画	0.251 642 576	0.216 018 174	0.307 334 239	5.57
	散文	0.736 150 235	0.756 505 132	0.801 066 285	6.49
	语言	0.158 693 116	0.167 375 354	0.242 529 122	8.38
艺术	乐队	0.597 285 068	0.639 542 91	0.683 002 275	8.57
	建筑	0.740 223 464	0.720 670 391	0.718 040 169	−2.22
	收藏品	0.950 704 225	0.944 298 56	0.952 255 908	0.16

大类	子类文档	P 值			P 值提高率
		原始数据	第二阶段	第三阶段	（%）
音乐	地震	0.665 263 158	0.753 791 258	0.782 337 199	11.71
	星座	0.845 033 113	0.898 978 561	0.925 917 611	8.09
平均值		0.702 290 071	0.715 335 247	0.759 462 758	5.71

5.4　本章总结

　　本章提出根据编辑距离和同义词词林相融合的算法来衡量知识三元组的初始相似度的方法，并提出一种改进的数据场算法，对初始相似度进行进一步的优化和修正，并得到目标相似度。最终基于目标相似度对知识三元组集合进行降序排序，并将排名较低的三元组剔除出知识库，从而达到知识精炼的目的。

　　实验结果表明：对知识三元组进行基于改进数据场的处理之后，不仅优化和修正了初始相似度，还在一定程度上有效地避免了中文网络开放百科中的歧义问题和知识三元组被不恰当归类的问题，最终提高建立中文知识库的正确率，同时可以保留大量的相关知识元素，确保系统的召回率。

6

政务舆情知识库系统自动构建方式探索

本章提出基于百科知识与主题词表的领域知识多策略融合新方法，探索了大规模政务舆情领域知识库的自动化构建方式。知识图谱时代的到来对语义检索与分析提出了更高的要求，传统手工构建方式在面对大规模领域知识库的构建问题时需要领域专家参与，不仅费时费力，且构建起的本体规模有限。本章提出的方式既弥补了主题词表对于词间语义关系描述的不足，又可以利用海量网络百科知识将舆情领域知识进行自动填充，使得两种不同知识源的优势得到充分发挥，并使系统整体获得增益，探索了我国政务舆情领域的知识图谱构建新方式。

大规模领域知识库与关联数据（linked open data）的构建是实现知识图谱的基础和前提。传统手工方式构建本体的方法在面对大规模领域知识库的构建问题时需要领域专家参与，不仅费时费力且规模有限，无法满足现今大规模知识图谱时代对语义检索与分析的需要。因此，为了解决大规模中文政务舆情知识库的快速构建问题，本文探索其自动化的构建方式，提出了一种基于百科知识与主题词表相融合的领域本体多策略相似度计算新方法。

6.1　文献综述

本章的研究工作主要从两个方面展开：通过解析网络页面来自动获取本体并基于主题词表进行本体转换。下面将从这两个方面对前人的研究进行综述。

6.1.1　面向网络页面的本体自动获取

基于本体的信息集成方法已经成为网络信息集成的主要方法。随着 Web 2.0 的发展，针对某一个特定领域或开放域的共同创作越来越多地出现在网络百科全书中，并且在网络环境中海量的领域知识信息是以 HTML 格式表达和发布的。在目前的中文网络百科的词条页面中，蕴含着大量的语义信息，并且这些信息源都是面向开放域的。因此，如何从海量 HTML 页面中自动抽取领域概念及概念的属性，并自动生成、构建良构的大规模领域本体，就成了亟待解决的问题，但是，大规模本体的自动化构建技术及相关方法尚未成熟。许多学者都曾研究并提出了从网络页面中获取本体的相关方法及系统。具体的研究成果总结如表 6 - 1 所示。

表 6 - 1 通过对网络页面进行解析来自动构建本体的主要研究工作

文献标题	主要人员	主要工作评述	时间
An automated approach for retrieving hierarchical data from HTML tables[62]	Seung Jin L	提出自动从 HTML 表格中获取层次结构的方法，严格按照 HTML 标签的标准含义识别表格中标题行列和数据行列	CIKM' 1999
Extracting ontologies from World Wide Web via HTML tables[63]	YoshidaM	提出利用网络表格自动生成本体的方法，仅针对 9 种规则的表格类型	PACLING' 2001
Towards ontology generation from tables[64,65]	Tijerino Y A	提出从表格中获取本体的方法（Table Analysis for Generating Ontologies，TANGO），是半自动化方法	WWW' 2005
Automatic ontology generation from Web tabular structures[66,67]	Aleksander P	从表格的物理维、结构维、功能维和语义维四个方面分析表格，最终获得表格所对应的知识模型本体	AI Communications' 2005

文献标题	主要人员	主要工作评述	时间
Ontology extraction from tables on the web[68]	Tanaka M	提出从网络表格抽取本体的方法，是半自动化方法	SAINT'2006
Automatically Refining the Wikipedia Infobox Ontology[12,13]	Wu F, Weld D. S	Kylin 系统不仅使用维基百科词条网络页面上的结构化信息，还尝试从非结构化文本中提取知识三元组	WWW'2008
YAGO：A Large Ontology from Wikipedia and Word-Net[9]	Suchanek F M	从百科页面的结构化信息中提取知识。分类体系中的层次关系暗示概念之间的"is－a"关系，而词条页面上的 InfoBox 信息则蕴含着一些 < S, P, O > 三元组知识	Web Semantics'2008
Knowledge Extraction from Chinese Wiki Encyclopedias[15]	Wang Z C, Wang Z G, Li J Z	提出基于中文百科的分类体系抽取概念间的层次关系、获取含有 In-fobox 词条网络页面中的概念属性及百科词条实例，最终建立起中文百科知识库，并基于关键字匹配策略与 DBpedia 建立实例间的共指关系	Journal of Zhejiang University－Science C'2012
Learning Chinese Entity Attributes from Online Encyclopedia[14]	Chen Y D	提出利用中文百科 In-fobox 中的属性—值对信息，自动提取良构的训练样本，进而基于统计学习模型从百科的非结构化文本中提取海量知识三元组	APWeb'2012

6.1.2 基于主题词表的知识库构建

传统主题词表由于其丰富的词汇及清晰的语义结构，与本体有许多相同点，因而给本体的构建提供了极大的便利。一些学者研究如何将特定领域主题词表转换为本体的方法。联合国粮农组织在转换 Agrovoc 时，将主题词表的等级关系直接对应本体的继承关系[69]，而在我国《农业科学主题词表》中，其可对应为继承、属性、等同、实例等关系[70]。一体化医学语言系统 UMLS[71] 由 100 个生物医学词汇和分类表整合而成，包含 75 万个概念和它们之间 1 千多万个连接，但是其语义质量较差。Wordnet[72] 是由普林斯顿大学的心理学家、语言学家和计算机工程师们根据认知心理学原理，由领域专家手工构建的，它是一个词典数据库并支持多语言。知网（HowNet）[73] 是一个以汉语和英语的词语所代表的概念为描述对象，以揭示概念与概念之间以及概念所具有的属性之间的关系为基本内容的常识知识库。

欧盟制订并实施了"E 欧洲 2002"行动计划，建立基于知识本体的电子政府（OntoGov）[74]。我国台湾学者[75] 研究了构建电子政务知识共享本体库和同义词的方法等。

由于主题词表本身固有的结构和特征，传统的基于主题词表构建的本体存在两个方面的不足。

第一，若人为手动地从主题词表中抽取概念、属性和实例，并定义公理和推理规则等，费时费力且效率较低，并导致对领域专家知识和人力资源的依赖，且制约了最终本体模型的规模。

第二，目前基于主题词表构建的领域本体，多是根据其含有的固定语义关系向 OWL 规范进行转换，但对于语义检索和语义关系推理而言，这种水平和层面上的语义关系揭示是简单而薄弱的，若单纯地基于某领域主题词表做本体转换，就会因为主题词表中词间关系的简单和匮乏，导致得到的只能是粗糙本体框架，而无法满足大规模语义查询和推理的需要。

主题词表作为领域词汇的集合覆盖了多个子领域，其中含有大量固定且简单的语义关系，如分类和分级关系等；百度百科作为最大的中文百科，涉及和覆盖 11 个领域。可以看到网络开放百科与领域主题词表都具有跨领域覆盖的特点，同时二者又各有侧重。这就为我们探索大规模领域本体的自动化构建方法提供了可能。

6.2 问题定义与描述

本节主要给出相关定义以及对政务主题词表和百度百科知识库进行简要介绍。

6.2.1 相关定义

基于集合论思想给出领域主题词表、网络百科知识本体与知识库，以及三者之间关系的定义。

定义 1 知识三元组：一个事实性陈述可被表示为一个语义网页知识三元组 < 主语，谓语，宾语 >，因此语义数据可以被形式化为一个知识三元组集合。知识三元组集合 K，$K \subseteq S \times P \times O$，其中，$S$ 是主语（Subject）集合，P 是谓语（Predicate）集合，O 是宾语（Object）集合。

定义 2 本体：本体是对一个特定领域中重要概念共享的形式化描述。一个本体模型可以由一个四元组来描述：$O = \{C, P, H^c, H^P\}$。其中，C 和 P 分别代表本体中的概念和属性集合，而 H^c 和 H^P 分别表达了概念和属性集合中元素之间的层次化语义关系。

定义 3 知识库：设领域本体 O 所对应的概念的实例集合为 I，则由本体 O 和实例集合 I 共同构成领域知识库 $KB = \{O, I\}$。

定义 4 属性：在 OWL 规范所描述的知识库中，用于表达实例和字符值之间语义关系的属性称为值属性（datatype property）；用于表达不同实例与实例之间语义关系的属性称为对象属性（object property）。将属性 p 所描述的概念集合称为属性 p 的定义域 D（p）；将对象属性的合法属性值所代表的概念集合称为属性的值域 R（p）。

定义 5 主题词表：领域主题词表 $THESAURUS = $（$T$，$H^T$），是指某一领域中，一系列具有相似关系的词汇 $t_i \in T$ 的集合，它以树的方式表现出来，H^T 中包含了项与项之间的层次关系。

定义 6 百科概念体系：在百科开放分类体系 B 中的所有分类概念 $C_i \in C$，组成百科概念集合 C。它以分类树的形式组织起来，即 $B = $（$C$，$H^C$），其中 H^C 包含了概念之间的层次关系。

定义 7 百科谓语集合：全部词条的 Infobox 中含有的谓语集合的并集（union）称为百科谓语集合 $Info\_ Prop$。若某词条 $ARTICLE_i$ 的网络页面上包含 Infobox 描述信息，该 Infobox 给出的谓语集合为 P，$P = \{p_1, p_2, p_3 \cdots p_n\}$，其中，$p_i$ 为该词条 Infobox 中所含的某个谓语，则 $Info\_ Prop = p_1 \cup p_2 \cup \cdots \cup p_n$，$n$ 为网络百科页面上包含 Infobox 的词条总数。

定义 8 概念交集：将全部同时属于主题词表词汇集合 T 和百科概念集合 C 的词汇 T_i 所构成的集合 $Concept\_ M$，称为集合 T 与集合 C 的概念交集（concept intersection），即 $Concept\_ M = T \cap C$。

定义 9 属性交集：将全部同时属于主题词表词汇集合 T 和百科谓语集合 $Info\_ Prop$ 的词汇 T_i 所构成的集合 $Prop\_ M$，称为集合 T 与集合 $Info\_ Prop$ 的属性交集（property intersection），即 $Prop\_ M = T \cap Info\_ Prop$。

6.2.2 中国政务主题词表

主题词表是一种语义词典，由术语及术语之间的各种关系组成，能反映某学科领域的语义相关概念。ANSI（美国国家标准学会）的 Thesaurus 标准（Z39.19—1980）规定有 13 种词汇间关系，一般采用"用、代、属、分、参"结构。主题词表的主要用途是使查询者输入系统的词条与索引编撰者使用的词条相匹配，是提高查全率和查准率、实现多语种检索和智能化概念检索的重要途径[76]。

《综合电子政务主题词表（试用本）》（字顺表）共收录主题词 20 252 条。其中，正式主题词 17 421 条，非正式主题词 2 831 条。范畴索引划分为 21 个子领域、132 个二级类，远多于世界上其他国家的电子主题词表的主题词数。《综合电子政务主题词表（试用本）》内容覆盖了我国电子政务各领域及相关知识范畴，包括党派团体活动、理论研究、政治思想工作、理论宣传等相关方面[77,78]。该主题词表是目前国内外收词量最多、专业覆盖面最广、入口率最高的政务主题词表。

为了有效利用人类已有的知识体系，可以设计将某领域的主题词表自动地转化到本体中。这样既可以加快本体的构建进程，也可以增加本体的科学性，使之成为一个完整的体系，进而克服主题词表在具体领域应用中的不足。

6.2.3 百度百科知识库

百度百科是全球最大的中文开放网络百科全书，因此我们首先基于百度百科构建了中文百科知识库。

通过对百科开放分类页面主题标签的自动抽取并生成本体，可以建立起一个有 4 个概念层次的本体。其中，有 1 331 个知识三元组用来表示子类"sub – class of"的层次结构中的各种概念之间的父子类关系。该本体框架用于将每个百科页面中的词条实例组织集成起来，每个实例对应于实际的词条页面。例如，如果词条"政务"属于开放分类"字词"，则可以将其以知识三元组的形式表达为 < 字词，实例，政务 >。

词条页面上的 Infobox 信息框中所蕴含的半结构化信息是知识三元组的良好来源，因此，可以将每一个信息框中包含的一组知识以知识三元组的形式抽取出来，也就是将百科页面的名称作为主语，属性名称作为谓语，属性值作为宾语。例如，如果事实性陈述"政务是指政府的事务性工作"出现在该词条页面的信息框中，则应该表达为："政务"，"释义：政府的事务性工作"。因此，我们可以将 Infobox 信息框中的知识以知识三元组的形式表达，即：<政务，释义，政府的事务性工作>。

6.3 政务舆情知识库自动构建系统总体设计

政务舆情知识库自动构建系统的总体框架如图6-1所示。

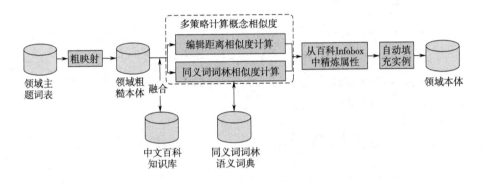

图6-1 系统总体框架

根据提出的大规模知识库构建方法，本系统具体包含如下两个阶段。

第一阶段：主题词表至知识库框架的粗映射（fuzzy mapping）。作为两阶段方法的第一阶段，提出了电子政务主题词表至知识框架的粗映射规则，该算法将该领域主题词表中的 F，S，C，D 和 Y 五种关系粗略地映射为概念的继承关系和等同关系，形成领域粗糙知识框架。

第二阶段：粗糙知识框架与百科知识的融合，主要包括如图6-1所示的子模块。6.3.2节将给出该阶段的详尽融合描述。

6.3.1 主题词表自动转换得到知识库框架

一般来说，某领域主题词表中的 F，S，C，D 和 Y 五种关系，都可以隐含地对应为 OWL 标准中的 N 种不同的语义关系。这种 $1:N$ 的映射情况，给主题词表至本体的大规模自动转换带来了困难与挑战。在主题词表的所有语义关系中，等级关系、等同关系比相关关系语义更明确，因此在转换过程中易于建立映射规则。根据词表抽取概念术语建立本体概念，从而减少本体构建过程对领域专家的依赖。

基于上文对领域主题词表至 OWL 映射构建方法的分析，作为两阶段方法的第一阶段，通过电子政务主题词表至 OWL 的粗映射算法，将该领域主题词表中的 F，S，C，D 和 Y 五种关系粗略地映射为概念的继承关系和等同关系。目的是通过第一阶段的粗映射，首先将该主题词表中的 20 252 个词汇快速地填入本体，高效地构建出一个具备一定规模和具有简单语义关系的本体模型框架，形成粗糙知识库框架，进而为第二阶段对本体框架进行充实和完善提供基础。该算法通过 Jena API 实现，映射规则如表 6 - 2 所示。

表 6 - 2　主题词表词间关系至 OWL 的粗映射规则

主题词表词间的语义关系	符号	含义	可能存在的语义关系	粗映射至 OWL 规范的语义关系
层次关系	S（属）F（分）	广义（上位）词 狭义（下位）词	< be part of > < be kind of > < beattribute of > < be instance of >	< subClassOf >
等价关系	Y（用）D（代）	正式（同义）词 非正式（同义）词	< is similar to > < equivalentClass >	< equivalentClass >
相关关系	C（参）	相关词	< be part of > < beattribute of > < equivalentClass > < is similar to >	< equivalentClass >

经过对主题词表至 OWL 规范的粗映射，可以得到领域粗糙本

体。具体地，可以通过 rdfs：subClassOf 建模原语来刻画概念之间语义上的父子类关系；通过 owl：equivalentClass 原语来表达概念之间的类等价关系等。

6.3.2　基于政务主题词表和百科知识库的舆情知识筛选融合

电子政务主题词表中包含 20 252 个主题词，而百度百科顶层本体中的概念数量为 1 380 个左右。在第一阶段，提出对主题词表模式的粗映射规则，经过该阶段处理形成的粗糙知识框架过于简单且不够精确，大量主题词之间的语义关系是不确定的。

为此，在第二阶段将第一阶段粗映射生成的知识库框架与网络开放百科的知识相融合，以"舆情"主题词为接入点，利用网络百科知识库对粗糙知识框架进行自动填充、丰富和完善。

6.3.2.1　多策略计算概念相似度

对于 Schema – Level 层次的映射，首先检索哈尔滨工业大学《同义词词林》（扩展版），同义词获取的相似度计算算法采用文献[59]提出的策略来构建全部百科概念和 Infobox 模板谓语的同义词集合。然后，将百度百科顶层本体中的概念集合和 Infobox 模板属性集合，与主题词表进行词汇层面的映射，找出二者在词汇层面的概念交集 $Concept\_M$ 和属性交集 $Prop\_M$。概念交集 $Concept\_M$ 和属性交集 $Prop\_M$ 的定义在 6.2 节已经给出。

本书采用经典的编辑距离（Edit – Distance）算法（以下简称 SIM_E）与改进的同义词词林相似度算法相结合的方式，来最终确定主题词表与百科知识之间在词汇层面上的概念交集 $Concept\_M$ 和属性交集 $Prop\_M$。

根据初步统计，在主题词表和百科本体的概念交集 $Concept\_M$ 中，共有 559 个概念，约占百科本体中概念总量的 41% 左右。同样，百科 Infobox 中的谓语在电子政务主题词表中出现的个数，即 $Prop\_M$ 中的谓语，共计 1 071 个，约占百度百科 Infobox 中谓语总量的

4.5%。根据本体中概念的层次性和继承性可知,与匹配主题词处在同一分支的其他所有主题词,存在上位词或下位词关系,均可能为该领域本体中的概念,这些概念之间的语义关系可以确定为"subclass - of"。

(1)同义词词林相似度计算

同义词词林(TongYiCiCiLin,TYCCL)是一个中文同义词词典,它将每个词汇进行编码并以层次关系组织在一个树状结构中,自顶向下共有5层。每个层次都有相应的编码标识,5层的编码从左至右依次排列起来构成词元的词林编码。树中的每个节点代表一个概念,词语与词语之间隐含的语义相关度也随着层次的增加而提高。中文概念和属性的等价关系识别可以抽象为中文同义词的识别问题。

本书采用哈尔滨工业大学《同义词词林》(扩展版)作为知识构建融合的常识词典——SKB$_{TYCCL}$。以词元"物质"为例(词林编码为:Ba01A02 =)对词林编码格式进行解释,如表6-3所示。

表6-3 词林编码示例

编码位	1	2	3	4	5	6	7	8
子编码	B	a	0	1	A	0	2	" = (=或#或@)"
含义	大类	中类	小类		词群	原子词群		同义\不等\孤立
层次	第1层	第2层	第3层		第4层	第5层		

根据词林的结构特点,首先对概念的词林编码进行解析,抽取出第1至第5层子编码,再从第1层子编码逐层开始比较。若出现子编码不同,则根据出现的层次赋予该映射对相应的相似度权重。子编码不同出现在越深的层次,则相似度权重越高,反之则越低。每层的分支节点数的多少对相似度也有影响。改进的同义词词林相似度算法(SIM$_T$)[59]如公式(6-1)所示。

$$SIM_T(C_s, C_t) = \lambda \times \frac{L_i}{|L|} \times \cos\left(N_T \times \frac{\pi}{180}\right) \times \left(\frac{N_T - D + 1}{N_T}\right)$$

$$(6-1)$$

由于本体概念或属性等价关系的获取更关注词语之间的语义相似性，因此引入调节参数：语义相关度因子 λ。通过 λ 来调节不同层级词语之间的语义相关性和语义相似性的关系，并控制处于不同层次分支的词元之间可能相似的程度，显然 $\lambda \in （0，1）$。λ 值越大，表示不同层次之间的词元相似或等价的可能性越大，且不同层次的语义相关性对于最终相似度的影响越大，反之则越小。特别是本体等价关系的获取更关注词语之间的语义相似度，因此 λ 取值不宜过高。

在公式（6-1）中，$L = \{1，2，3，4，5\}$，对于 $\forall L_i \in L$，L_i 为第 i 层所代表的层数，$|L|$ 为集合 L 中的元素个数，在本系统中恒等于5。概念相似度权重系数为 $\lambda \times （L_i / |L|）$。$N_T$ 为词元 C_s 和 C_t 在第 i 层分支上的节点总数，D 为词元 C_s 和 C_t 的编码距离。特别是当待映射概念对的五层编码均相等，且词林编码最后一位为" = "号时，相似度值为1.0。显然，SIM_T 的值域为 $（0，1]$。

（2）编辑距离相似度计算

两个待映射词语 C_s 和 C_t 的编辑距离值以及它们的相似度计算方法见公式（6-2）和（6-3）。

$$\text{EditDistance}（C_s，C_t）= \frac{|Do（C_s，C_t）|}{\max（L（C_s），L（C_t））} \quad （6-2）$$

式中，$|Do（C_s，C_t）|$ 为编辑操作次数，也就是把字符串 C_s 最少经过多少步操作完全变成字符串 C_t。这里的操作有三种：添加、删除或者修改一个字符。$L（C_s）$ 和 $L（C_t）$ 为 C_s 和 C_t 的字符长度。

$$\text{SIM}_E（C_s，C_t）= \frac{1}{（1 + \text{EditDistance}（C_s，C_t））} \quad （6-3）$$

式中，$\text{SIM}_E（C_s，C_t）$ 为待映射概念 C_s 和 C_t 的相似度。

（3）基于综合相似度值的概念的等价关系识别

由于 SIM_E 算法与 SIM_T 算法具有语义互补性，因此本书提出将两种算法的相似度结果进行互补融合，并取两种算法计算结果的最大值 ρ_{st}，见公式6-4。本系统将判定等价关系的相似度阈值统一设定

为 $\rho_{st} = 0.9$。

$$\rho_{st} = \max(\mathrm{SIM}_E(C_s, C_t), \mathrm{SIM}_T(C_s, C_t)) \qquad (6-4)$$

6.3.2.2　从百科 Infobox 中精炼属性

接下来考虑借助中文百科的海量知识为政务本体丰富更多的语义关系，即：本体属性的精炼和填充。

经过第一阶段的粗映射，已将主题词表中的词汇以概念的形式转换为本体框架。但是概念之间的语义关系仍是父子类和等价类的简单模式。百科 Infobox 的结构化信息提供了大量实体间的语义关联知识，我们对百度百科 Infobox 模板中的谓语进行统计，具体统计了百科开放分类中的全部 13 大类及其 1 380 个子类的 Infobox 中每个属性的出现频率。

在百科开放分类的不同类别中，实例的 Infobox 中的谓词出现频率可以反映出不同子类的特征。同时，政务主题词表中的语义关系仍显得过于简单，因此，我们考虑基于某种策略，将百科的 Infobox 中的语义关系，丰富和充实到政务本体中。

通过对 1 380 个子类对应的 Infobox 模板全部进行谓语出现频率的统计计算并对其进行排序，结果表明，出现的谓语共计有 22 442 个，部分子类的 Infobox 谓语出现频率可以反映出该类的语义特征。但是由于百科是面向互联网用户的，其分类体系具有一定的开放性和随意性。因此，从统计结果中发现，很多子类的谓语出现频率排序是无法反映该类特征的，以概念 "贸易" 为例（如表 3 – 2 所示），大部分含有语义特征的谓语出现在中频区甚至是低频区，而在高频区中却出现了大量的非特征谓语。

针对该问题，我们采用 TF – IDF 算法（Term Frequency – Inverse Document Frequency）对百科 Infobox 中出现的概念属性进行重要程度的度量，并以得到的 TF – IDF 值为依据对概念的属性进行筛选。该算法的主要思想是：如果某个谓语在其所属类实例网络页面的 Infobox 中出现的频率较高，则 TF 值较高；而在其父类的其他子类

（兄弟类）的 Infobox 中很少出现，则认为该谓语具有很好的类别区分能力，即 IDF 值越大。因此 TF × IDF 的值越大，越能够很好地反映某个概念的语义特征。

将某个概念 C_j 的含有 Infobox 的实例集合称为 I_j，TF 表示谓语 P_i 在概念 C_j 的实例集合 I_j 的 Infobox 中出现的频率（不包含兄弟类）。对于出现在某个类实例集合 I_j 的 Infobox 谓语 P_i，定义其重要性为 $TF_{i,j}$，计算方法见公式（6 – 5）。

$$TF_{i,j} = \frac{n_{i,j}}{\sum_k n_{k,j}} \qquad (6 - 5)$$

式中，$n_{i,j}$ 是该谓语 P_i 在集合 I_j 的 Infobox 中出现的次数，分母是 I_j 中含有 Infobox 的类实例总和。

IDF 定义了谓语 P_i 普遍重要性的度量指标。即：如果包含谓语 P_i 的其他兄弟类的实例越少，则 IDF 值越大，说明该谓语 P_i 具有很好的类别区分能力。某一特定谓词的 IDF 值，可以用含有 Infobox 的兄弟类实例的总数除以包含该谓语的实例数目，将得到的商取对数，可得到 IDF_i，见公式（6 – 6）。

$$IDF_i = \log \frac{|I|}{|\{j: P_i \in I_j\}|} \qquad (6 - 6)$$

式中，$|I|$ 为含有 Infobox 的兄弟类实例总数，$|\{j: P_i \in I_j\}|$ 为包含谓语 P_i 的兄弟类实例数目，如果该属性不在 $|I|$ 中，则取 $1 + |\{j: P_i \in I_j\}|$。根据公式（6 – 5）和（6 – 6），可以得到每个 Infobox 谓语 P_i 的 $TF - IDF$ 值，见公式（6 – 7）。

$$TF - IDF = TF_{i,j} \times IDF_i \qquad (6 - 7)$$

可以看出，某一概念中的高谓语频率以及该谓语在整个兄弟概念集合中的中、低频率，可以产生出高权重的 $TF - IDF$ 值。因此，$TF - IDF$ 算法倾向于过滤掉高频且常见的谓语，进而筛选出能够反映某一概念语义特征的谓语。某个属性的 $TF - IDF$ 值排名越靠前，说明该 Infobox 属性越能反映此概念的语义特征。

为了不失一般性，本文先对每个百科概念 Infobox 中出现的属性进行出现频率的统计，再计算出每个属性的 $TF-IDF$ 值并排序，如表 6-4 所示（以概念"贸易"为例）。我们随机抽取并采样了 100个左右的 $TF-IDF$ 值排序结果，将每个概念属性列表的前 20 个属性结果提交给政务领域专家进行正确性审核，结果显示，平均每个概念的属性列表中，均有超过 70% 的属性可以反映其语义特征与关联；而对于基于 TF 值排序的属性列表，其反馈结果普遍低于 50% 。

表 6-4　概念"贸易"的属性 $TF-IDF$ 值排序

排序	属性名称	出现次数	$TF-IDF$ 值	TF 值
1	主要业务	8	0.718 392	0.005 016
2	起源	4	0.324 985	0.002 508
3	主管单位	5	0.312 974	0.003 125
4	出版周期	6	0.302 906	0.003 762
5	编辑单位	6	0.302 906	0.003 762
6	主办单位	9	0.280 997	0.005 643
7	语言	13	0.260 795	0.008 15
8	现任校长	14	0.256 635	0.008 777
9	外文名称	229	0.243 172	0.143 574
10	中文名称	87	0.235 364	0.054 545
11	所属地区	87	0.235 364	0.054 545
12	外文名	331	0.225 772	0.207 524
13	简称	27	0.221 357	0.016 928
14	集团地址	1	0.200 173	0.000 063
15	主要经营	1	0.200 173	0.000 063
16	运营商	1	0.200 173	0.000 063
17	游戏特征	1	0.200 173	0.000 063
18	代表国家	1	0.200 173	0.000 063
19	最先国度	1	0.200 173	0.000 063
20	开始时间	1	0.200 173	0.000 063

通过与北京市电子政务领域专家进行结果分析，可以得出结论：经过 TF－IDF 算法重新排序筛选得到的结果，其正确率明显好于只是基于属性出现频率的算法结果。也就是说，更多的能够反映概念语义特征的属性被排到了前面，属性自动获取的正确性有所提升。我们取得到的每个概念属性列表的 $TF－IDF$ 值排序前 20 的属性填充到政务舆情本体中。

（1）属性定义

提取出来的属性用于描述实例与属性值之间的语义关系。本书将通过与百科 Infobox 进行融合操作而得到的属性称作 Infobox－Property。其命名空间前缀为：http：//www. owl－ontologies. com/Ontology/e_ gov. owl#。例如，属性"出生地"的 URI 为：http：//www. owl－ontologies. com/Ontology/e_ gov. owl#出生地。

由于百度百科 Infobox 中的属性值绝大部分以纯文本的形式出现，链接到其他百科页面（实例）的情况较少，并且政务主题词表与百科开放分类都具有跨领域特征，因此从自动构建政务本体模型的一般情况出发，本书将属性的类型统一定义为 Datatype Property。Infobox－Property 属性的定义域和值域定义如下。

（2）定义域

对于每个 Infobox－Property 属性 p_i，首先找到它出现在的所有百科词条（实例）集合 $W_p = \{w_1, w_2, \cdots, w_n\}$，然后根据每个词条的名称，可以从百科与主题词表的交集 $Concept\_ M$ 中，确定词条集合 W_p 中的每个词条所对应的概念集合 $D_p = \{C_1, C_2, \cdots, C_m\}$，并有 $D_p \in Concept\_ M$。最后将得到的子集 D_p 作为当前 Infobox－Property 属性 p_i 的定义域，即 $D_p = D(p_i)$。

（3）值域

将政务本体中的属性统一定义为 Datatype Property 类型。因此，属性的值域统一定义为 "$xsd：string$"。

6.3.2.3　自动填充实例

如上所述，我们首先得到了百度百科开放分类与政务舆情知识库概念的交集 $Concept\_M$。同时，我们已将百科概念所属的实例从百科的网络页面中爬取下来，每个百科概念都包含大量的实例。因此，我们将交集 $Concept\_M$ 中的百科概念所属的实例直接快速填充到政务本体中。其中，每个实例都会有一个唯一的 URI 来标识它，它们的命名空间前缀为：http：//www. owl－ontologies. com/Ontology/e_ gov. owl#。

对于每个实例，都会有名称和 URL 来源链接这两个通用属性值。名称就是实例在百科中的词条名，将都柏林核心集（Dublin core）刻画为 $dc：title$。URL 来源链接是该实例的百科超链接，用 $rdfs：seealso$ 来刻画。两个通用属性的属性值可以在添加实例时直接得到。

对于生成的 Infobox－Property 模板中的属性集合 P，如果所添加的实例属于概念交集 C 中的概念 C_i，且 C_i 对应的百科页面中含有 Infobox，则将该 Infobox 中的全部属性与政务舆情知识库中的概念 C_i 的属性集合进行匹配，若集合中包含该属性，则将该属性对应的知识三元组 <S，P，O> 直接填充进政务舆情知识库。

通过该步骤，我们将交集 $Concept\_M$ 中全部概念的共计 3 万多个实例自动填充进入政务舆情知识库中。

6.4　实验结果与总结

经过以上步骤的操作，将含有 2 万多个概念的粗糙政务本体，以"舆情"为接入点，基于相应的策略与百科知识进行融合与调整，最终形成了含有总计 21 个顶级概念、接近 3 万个子概念、1 万多个属性并包含海量舆情相关实例的良构大规模常识性中国电子政务舆情领域知识本体。

6.5　本章总结

由于中文百科与政务主题词表都具有跨领域覆盖的特点，本章设计了一种百科知识与主题词表融合的领域本体自动构建系统。

在未来的工作中，我们将基于机器学习相关理论对本体中含有的大量属性进行自动高效地填充。

7

结　论

7.1 全书总结

计算机技术的发展充分体现了人类的生存哲学，即通过不断提高生产力来保证竞争力，巩固生存环境。历次工业革命的本质都是源于人类追求生产效率的需要，当今世界对计算机人工智能的追求也不例外。科技进步往往伴随着人类某一种生产能力的拓宽，这种拓宽是因为原本必须由人来做的事，可以部分或全部地由机器设备承担。过去，机器为人类承担了各种各样的重复、机械、高风险的体力劳动，为人们节省了大量的时间。现在，知识图谱使计算机开始具有阅读和理解人类知识的能力，这意味着，机器也有可能帮助人们承担一些真正智能化的劳动和决策，比如，推理、判断。但是，一切尚属起步阶段，即使能够"阅读"和"理解"，机器的"智能"还是十分低端的，不能为人们做真正有意义的事。人们需要机器在此基础上能够自动地推理、判断、知人所需，成为政府舆情分析和综合治理的得力助手。

探索和实现面向舆情分析领域的自动化海量知识库构建新方法，对于提升现有舆情监控、预警系统的准确性具有迫切的现实意义。人工智能＋大数据时代的到来，必将极大地促进舆情分析系统的建设，并使其更加智能化和精准化。

7.2 本研究的主要创新

主要的方法创新如下：

（1）知识库采用自动化构建方式，提高效率

传统的手工构建本体方法费时费力且过分依赖领域专家的参与，

使得整个知识库构建过程效率低下。手工方式构建出的知识库规模有限，难以支持大规模语义推理和搜索。本书基于人工智能＋大数据技术，探索构建大规模舆情分析知识库的新方法。

（2）提出基于叙词表自动转换得到本体框架的新方法

网络舆情信息一般围绕某一话题在网络中传播，因此具有一定的主题性。我们只要准确把握网络舆情信息的主题，便可以对同一主题的网络舆情信息进行知识化组织，继而实现网络舆情信息知识的有效管理。上述需求符合叙词表的工作优势。基于网络舆情主题性的特点，首先基于叙词表构建舆情粗糙本体框架，不仅能够快速、准确地聚拢海量零散舆情信息，还能通过信息的有序化处理，为后续研判、应对工作提供真实直观的知识体系、语义推理和检索等基础支撑。

（3）提出一种基于场论思想的海量百科知识去噪算法

本书提出根据编辑距离和同义词词林相融合的算法来衡量知识三元组的初始相似度，并提出一种改进的数据场算法对初始相似度进行进一步优化和修正，得到目标相似度。最终基于目标相似度对三元组集合进行降序排序，并将排名较低的知识三元组剔除出知识库，从而达到知识精炼的目的。

（4）提出一种基于政务主题词表和百科知识库的舆情知识筛选与融合新方法

传统手工方式构建本体的方法在面对大规模领域知识库的构建问题时需要领域专家参与，不仅费时费力且规模有限，无法满足现今大规模知识图谱时代对语义检索与分析的需要。因此，为了解决大规模中文政务舆情知识库的快速构建问题，本书探索了其自动化构建方式，提出了一种基于百科知识与主题词表相融合的领域本体多策略相似度计算新方法。

（5）在大数据环境下对数据场算法进行并行优化以大幅提高运算速度

基于数据场势函数的知识精炼方法需要首先进行百科知识库之间的全部知识三元组的关联度映射计算，这将导致串行算法的计算时间过长。因此，面向大数据和知识图谱的计算密集型环境，本书提出采用基于 Map/Reduce 的框架对初始关联度计算串行算法进行并行优化、对海量百科知识进行并行去噪的新观点。

参考文献

［1］张一文，齐佳音，方滨兴，等．非常规突发事件网络舆情热度评价指标体系构建［J］．情报杂志，2010，29（11）：71－75.

［2］王国华，张剑，毕帅辉．突发事件网络舆情演变中意见领袖研究－以药家鑫事件为例［J］．情报杂志，2011，30（12）：1－5.

［3］曹树金，张学莲，陈忆金．网络舆情意见挖掘中极性词典构建和极性识别方法研究［J］．图书情报知识，2012（1）：60－65.

［4］张剑峰，夏云庆，姚建民．微博文本处理研究综述［J］．中文信息学报，2012，26（4）：21－28.

［5］康伟．突发事件舆情传播的社会网络结构测度与分析——基于"11·16校车事故"的实证研究［J］．中国软科学，2012（7）：169－178.

［6］曾润喜，徐晓林．网络舆情突发事件预警系统、指标与机制［J］．情报杂志，2009，28（11）：52－54.

［7］谈国新，方一．突发公共事件网络舆情监测指标体系研究［J］．华中师范大学学报（人文社会科学版），2010，49（3）：66－70.

［8］兰月新．突发事件网络舆情安全评估指标体系构建［J］．情报杂志，2011，30（7）：73－76.

［9］F M Suchanek，G Kasneci，G Weikum Yago. A large ontology from wikipedia and wordnet［J］. Web Semantics：Science，Services and Agents on the World Wide Web，2008，6（3）：203－217.

［10］C Bizer，J Lehmann，G Kobilarov，et al. D Bpedia－A crystallization point for the Web of Data［J］. Web Semantics：science，services and agents on the world wide web，2009，7（3）：154－165.

［11］C Bizer，T Heath，T Berners－Lee. Linked data－the story so far［J］. Semantic Services，Interoperability and Web Applications：Emerging Concepts，2009：205－227.

［12］F Wu，D S Weld. Autonomously semantifying wikipedia ［C］// Proceedings of the Sixteenth ACM Conference on Information and Knowledge Management，CIKM 2007，Lisbon，Portugal，November 6 – 10，2007. ACM，2007.

［13］F Wu，D S Weld. Automatically refining the wikipedia infobox ontology ［C］// Proceedings of 17th international conference on World Wide Web. ACM，2008：635 – 644.

［14］Y Chen，L Chen，K Xu. Learning Chinese entity attributes from online encyclopedia ［C］// Asia – Pacific Web Conference. Springer Berlin Heidelberg，2012：179 – 186.

［15］Z Wang，Z Wang，J Li，et al. Knowledge extraction from Chinese wiki encyclopedias ［J］. Journal of Zhejiang University SCIENCE C，2012，13（4）：268 – 280.

［16］杜向阳，张吉林. 基于语义本体知识库技术的主题分类方法在舆情监测实践中的应用 ［C］. 中国新闻技术工作者联合会五届一次理事会暨学术年会论文集（上篇）. 2009.

［17］陈越，李超零，黄惠新. 网络舆情监测与预警中的知识库研究 ［J］. 图书情报工作，2011（s2）：262 – 266.

［18］吉顺权，周毅，孙帅. 基于叙词法的政府网络舆情信息管理研究 ［J］. 电子政务，2013（5）：23 – 29.

［19］虞晨洁. 易班环境下高校网络舆情知识库平台建设研究 ［J］. 东华大学学报（社会科学），2016，16（2）：69 – 74.

［20］史金晶. 突发事件舆情知识库构建研究 ［D］. 南京理工大学，2016.

［21］唐明伟，苏新宁，蒋勋. RESTful Web 服务和知识库协同驱动的突发事件网络舆情实时追踪 ［J］. 山东大学学报（理学版），2017，52（6）：49 – 55.

［22］K F Cordeiro，F F Faria，B O Pereira，et al. An approach for managing and semantically enriching the publication of Linked Open Governmental Data ［C］// Proceedings of the 3rd workshop in applied computing for electronic government（WCGE）. SBBD，2011.

［23］P Barnaghi，M Presser. Publishing Linked Sensor Data ［C］// Proceedings of the ISWC' 2010，2010.

［24］H Glaser，I C Millard. Rkb explorer：Application and infrastructure ［C］// Proceedings of Semantic Web Challenge 2007，2007.

［25］J Sheridan，J Tennison. Linking uk government data ［C］// Proceedings of the WWW' 2010 Workshop on Linked Data on the Web，2010.

［26］Dublin Core Metadata Initiative. Dublin Core Metadata Element Set Version 1. 1：Reference Description，July 1999. Url：http：//dublincore. org/documents/1999/07/02/dces/.

［27］L Ding, et al. , The Data – gov Wiki：A Semantic Web Portal for Linked Government Data, in ISWC, 2009.

［28］L Ding, D DiFranzo, A Graves, et al. McGuinness, and Jim Hendler. Data – gov Wiki：Towards Linking Government Data. In：［BCH + 10］. （Cit. onp. 27）.

［29］吴旻. 开放数据在英、美政府中的应用及启示［J］. 图书与情报，2012，（1）：127 – 130.

［30］R Di, H Lv, T Wang, et al. Research on the impact of cloud computing trend on E – government framework［C］// Proceedings of the 2th International Conference on E – Business and E – Government, 2011：1 – 4.

［31］M Malmsten. Exposing Library Data as Linked Data［C］// the IFLA satellite pre-conference sponsored by the Information Technology Section "Emerging trends in technology：libraries between Web 2. 0, semantic web and search technology". 2009.

［32］Y Huang. Research on Linked Data – driven Library Applications［J］. New Technology of Library and Information Service，2010（5）：1 – 7.

［33］刘炜，夏翠娟，张春景. 大数据与关联数据：正在到来的数据技术革命［J］. 现代图书情报技术，2013（4）：2 – 9.

［34］P Jain, P Hitzler, A P Sheth, et al. Ontology Alignment for Linked Open Data［C］// International Semantic Web Conference. Springer, Berlin, Heidelberg, 2010：402 – 417.

［35］W Cohen, P Ravikumar, S Fienberg. A comparison of string distance metrics for name – matching tasks［C］// Proceedings of the IJCAI Workshop on Information Integration on the Web（IIWeb）. Acapulco, Mexico, 2003：73 – 78.

［36］S Melnik, H Garcia – Molina, E Rahm. Similarity flooding：A versatile graph matching algorithm and its application to schema Matching［C］// Proceedings of the 18th International Conference of Data Engineering（ICDE）. San Jose, California, 2002：117 – 128.

［37］Q Zhong, H Li, J Li, et al. A gauss function based approach for unbalanced ontology matching［C］// Proceedings of the 28th International Conference on Management of Data（SIGMOD）. Rhode Island, USA, 2009：669 – 680.

［38］李德毅，杜鹢. 不确定性人工智能［M］. 北京：国防工业出版社，2005.

［39］ F Giunchiglia, M Y Skevich. Element level semantic matching ［D］. Italy: Dept. of Information and Communication Technology University of Trento, 2004.

［40］ A Isaac, L Meij, S Schlobach, et al. An empirical study of instance – based ontology matching ［C］// Proceedings of the 6th International Semantic Web Conference and the 2nd Asian Semantic Web Conference（ISWC/ASWC）. Busan, Korea, 2007: 253 – 266

［41］ X Niu, X Sun, H Wang, et al. Zhishi. me – weaving Chinese linking open data ［C］// Proceedings of the ISWC 2011. Springer Berlin Heidelberg, 2011: 205 – 220.

［42］ 李佳, 祝铭, 刘辰, 等. 中文本体映射研究与实现 ［J］. 中文信息学报, 2007, 21（4）: 27 – 33.

［43］ 田久乐, 赵蔚. 基于同义词词林的词语相似度计算方法 ［J］. 吉林大学学报, 2010, 28（6）: 602 – 608

［44］ Z Wang, J Li, J Tang. Boosting cross – lingual knowledge linking via concept annotation ［C］// Proceedings of the Twenty – Third international joint conference on Artificial Intelligence. AAAI Press, 2013: 2733 – 2739.

［45］ 王汀, 邸瑞华, 李维铭. 一种基于同义词词林的中文大规模本体映射方案 ［J］. 计算机科学, 2014, 41（5）: 120 – 123.

［46］ 王汀. 基于数据场和全局序列比对的大规模中文关联数据模型 ［J］. 中文信息学报, 2016, 31（3）: 204 – 212.

［47］ A Bordes, N Usunier, A Garcia – Duran, et al. Translating embeddings for modeling multi – relational data, Advances in neural information processing systems ［C］// Proceedings of the twenty – eighth AAAI conference on Artificial Intelligence. AAAI Press, 2013: 2787 – 2795.

［48］ Z Wang, J Zhang, J Feng, et al. Knowledge Graph Embedding by Translating on Hyperplanes ［C］// Proceedings of the twenty – eighth AAAI conference on Artificial Intelligence. AAAI Press, 2014.

［49］ Y Lin, Z Liu, M Sun, et al. Learning entity and relation embeddings for knowledge graph completion ［C］// Proceedings of the twenty – ninth AAAI conference on Artificial Intelligence. AAAI Press, 2015.

［50］ Z Wang, J Li. Text – enhanced representation learning for knowledge graph ［C］// International Joint conference on Artificial Intelligence. AAAI Press, 2016.

［51］ A Bordes, J Weston, R Collobert, et al. Learning structured embeddings of knowledge bases ［C］// Proceedings of the twenty – fifth AAAI conference on Artificial Intelligence, AAAI Press, 2011.

［52］ R Socher, D Chen, C D Manning, et al. Reasoning with neural tensor networks for knowledge base completion ［J］, Advances in neural information processing systems, 2013: 926 – 934.

［53］ M Nickel, L Rosasco, T Poggio. Holographic Embeddings of Knowledge Graphs ［C］// Proceedings of the thirtieth AAAI conference on Artificial Intelligence, AAAI Press, 2016.

［54］ M Nickel, K Murphy, V Tresp, et al. A Review of Relational Machine Learning for Knowledge Graphs ［J］. Proceedings of the IEEE, 2016, 104 (1): 11 – 33.

［55］ C Xiong, R Power, J Callan. Explicit Semantic Ranking for Academic Search via Knowledge Graph Embedding ［C］// Proceedings of the International Conference on World Wide Web, 2017.

［56］ Z Zhou, G Xu, W Zhu, et al. Structure embedding for knowledge base completion and analytics ［C］// 2017 International Joint Conference on Neural Networks (IJCNN), IEEE, 2017.

［57］ T He, L Gao, J Song, et al. Sneq: Semi – supervised attributed network embedding with attention – based quantisation ［C］// Proceedings of the thirty – fourth AAAI conference on Artificial Intelligence, AAAI Press, 2020.

［58］ T Wang, J Song, R Di, et al. A Thesaurus and Online Encyclopedia Merging Method for Large Scale Domain – Ontology Automatic Construction ［C］// In: M. Wang (ed.) KSEM 2013. LNCS (LNAI), Springer Heidelberg, 2013.

［59］ T Wang, T Xu, Z Tang, et al. Tong SACOM: A TongYiCiCiLin and Sequence Alignment – Based Ontology Mapping Model for Chinese Linked Open Data. IEICE Transactions on Information and Systems, 2017, 100 (6): 1251 – 1261.

［60］ J Li, C Wang, X He, et al. User generated content oriented Chinese taxonomy construction ［C］// Proceedings of the Asia – PacificWeb Conference, Springer, 2015.

［61］ 王雪鹏, 刘康, 何世柱, 等. 基于网络语义标签的多源知识库实体对齐算法 ［J］. 计算机学报, 2017, 40 (3): 701 – 711.

［62］J L Seung, K N Yiu. An automated approach for retrieving hierarchical data from HTML tables［C］// Proceedings of the 8th international conference on information and knowledge management, ACM, 1999.

［63］M Yoshida, K Torisawa, J Tsujii. Extracting ontologies from world wide web via HTML tables［C］// Proceedings of the Pacific association for computational linguistics, Morgan Kaufman, 2002.

［64］Y Tijerino, W David, W Deryle, et al. Towards ontology generation from tables［J］. World Wide Web, 2005, 8（3）: 261 – 285.

［65］D Embley, T Cui, S Liddle. Automating the extraction of data from HTML tables with unknown structure［J］. Data Knowl Eng, 2005, 54（1）: 3 – 28.

［66］P Aleksander. Automatic ontology generation from Web tabular structures［D］. University of Maribor, Maribor, 2005.

［67］M Hurst. Layout and language: beyond simple text for information interaction—modeling the table［C］// Proceedings of the 2nd international conference on multimodal interfaces, Hong Kong Baptist University, Hong Kong, China, 1999.

［68］M Tanaka, T Ishida. Ontology extraction from tables on the web［C］// Proceedings of 2006 international symposium on applications and the internet, IEEE Computer Society, 2006.

［69］B Lauser, M Sini, A Liang, et al. From AGROVOC to the Agricultural Ontology Service/Concept Server. An OWL model for creating ontologies in the agricultural domain［C］// Dublin Core Conference Proceedings, DCMI, 2006.

［70］鲜国建. 农业科学主题词表向农业本体转化系统的研究与实现［D］. 北京: 中国农业科学院, 2008.

［71］J W Woods, C A Sneiderman, K Hameed, et al. Using UMLS metathesaurus concepts to describe medical images: dermatology vocabulary［J］. Computers in biology and medicine, 2006, 36（1）: 89 – 100.

［72］C Fellbaum, G Miller. WordNet: an electronic lexical database［M］// WordNet: An Electronic Lexical Database. MIT Press, 1998.

［73］董振东, 董强, 郝长伶. 知网的理论发现［J］. 中文信息学报, 2007, 21（4）: 3 – 9.

［74］E Tambouris, S Gorilas, G Kavadias, et al. Ontology – enabled E – gov service configuration: An overview of the OntoGov project ［C］// Knowledge Management in Electronic Government, 5th IFIP International Working Conference, KMGov 2004, Krems, Austria, May 17 – 19, 2004.

［75］C Chen, J Yeh, S Sie. Government ontology and thesaurus construction: A taiwanese experience ［C］// International Conference on Asian Digital Libraries. Springer Berlin Heidelberg, 2005: 263 – 272.

［76］黄丽霞. 主题词表的概念及其在网络信息检索中的应用 ［J］. 现代情报, 2005, (8): 171 – 172

［77］赵新力. 综合电子政务主题词表 范畴表 ［M］. 北京: 科学技术文献出版社, 2005.

［78］赵新力. 综合电子政务主题词表 字顺表 ［M］. 北京: 科学技术文献出版社, 2005.